故里寻踪

GULI XUNZONG

天津古文化街

天津市南开区档案馆
天津市南开区古文化街管理委员会 编著

天津出版传媒集团
天津教育出版社

图书在版编目（CIP）数据

故里寻踪：天津古文化街 / 天津市南开区档案馆，天津市南开区古文化街管理委员会编著. -- 天津：天津教育出版社，2025. 2. -- ISBN 978-7-5309-9426-9

Ⅰ. K922.13

中国国家版本馆 CIP 数据核字第 2025CD1678 号

故里寻踪——天津古文化街

GULI XUNZONG TIANJIN GUWENHUAJIE

出版人	黄　沛
编　著	天津市南开区档案馆 天津市南开区古文化街管理委员会
责任编辑	田　昕
装帧设计	编悦文化
出版发行	天津出版传媒集团 天津教育出版社 天津市和平区西康路 35 号　邮政编码　300051 http://www.tjeph.com.cn
经　销	新华书店
印　刷	北京捷迅佳彩印刷有限公司
版　次	2025 年 2 月第 1 版
印　次	2025 年 2 月第 1 次印刷
规　格	16 开（787 毫米 ×1092 毫米）
字　数	180 千字
印　张	17.25
定　价	83.00 元

《故里寻踪——天津古文化街》

编委会

顾　问　罗澍伟　蔡长奎

成　员（按姓氏笔画为序）

孔令哲　刘　丽　孙胜楠　李易平
何文彬　张　涛　张鸿鹏　陈文强
崔　凯　焦洪斌

编写组

主　编　孔令哲

副主编　李易平

成　员　由国庆　汤万忠　王　焱　郎梦蕾
刘　芮　张柏阳　郭恒超　赵思琪
杜怡茹

特载

习近平视察天津古文化街新闻报道辑录

天津古文化街人潮熙攘（王英浩 摄）

习近平春节前夕赴天津看望慰问基层干部群众

新华社天津2月2日电 中华民族传统节日春节即将到来之际，中共中央总书记、国家主席、中央军委主席习近平来到天津，看望慰问基层干部群众，向全国各族人民和香港同胞、澳门同胞、台湾同胞、海外侨胞拜年！祝愿海内外中华儿女身体健康、阖家幸福、万事如意、龙年大吉！祝愿伟大祖国风调雨顺、国泰民安、繁荣昌盛！

2月1日至2日，习近平在中共中央政治局委员、天津市委书记陈敏尔和市长张工陪同下，深入农村、历史文化街区、革命纪念馆考察调研，给基层干部群众送去党中央的关怀和祝福。

当天下午，习近平来到天津古文化街。街道古色古香，习近平沿街步行，先后走进桂发祥十八街麻花、果仁张、泥人张、杨柳青年画等特色店铺，了解产品种类、销售和传统文化传承发展等情况，同店铺业主、员工和现场群众互动交流。他说，各级党委和政府要加强节日期间民生商品的产销保供，确保数量充足、品类丰富、质量可靠，让广大群众放心消费、快乐过年。习近平指出，中国式现代化离不开优秀传统文化的继承和弘扬，天津是一座很有特色和韵味的城市，要保护和利用好历史文化街区，使其在现代化大都市建设中绽放异彩。

街道上，鼓乐铿锵，舞龙、舞狮表演热闹，喜气腾腾。看到总书记来了，人们热情欢呼起来。习近平走近大家，向天津市民、向全国各族人民拜年。他说，看到市民和游客在欣赏传统民俗表演时喜气洋洋，感受到了浓浓的年味。农历新年是龙年，龙在中华文化中有着勇敢奋进、活力无穷、吉祥如意等多重寓意，寄托着美好的愿景。大家对新的一年要充满信心，把日子过得更好。春节期间，各地可以多举办一些群众喜闻乐见的文化活动，让节日更喜庆、更欢快。

习近平指出，以文化人、以文惠民、以文润城、以文兴业，展现城市文化特色和精神气质，是传承发展城市文化、培育滋养城市文明的目的所在。天津要深入发掘历史文化资源，加强历史文化遗产和红色文化资源保护，健全现代文化产业体系、市场体系和公共文化服务体系，打造具有鲜明特色和深刻内涵的文化品牌，进一步彰显天津的现代化新风貌。

（节选自新华社2024年2月2日报道）

“充满信心，把日子过得更好”

——习近平总书记在天津考察时的重要讲话激励广大干部群众凝心聚力勇敢奋进

新华社北京2月2日电　“国泰民安，民安才能国泰，党中央和各级党委、政府时刻记挂着大家的安危冷暖”“大家对新的一年要充满信心，把日子过得更好”，甲辰春节即将到来之际，习近平总书记2月1日至2日赴天津看望慰问基层干部群众，向全国各族人民致以美好的新春祝福。

真挚而深情的话语，给广大干部群众送来节日的温暖，激励实干信心、凝聚奋进力量。大家表示，新时代新征程上，要在习近平新时代中国特色社会主义思想指引下，勇担使命、开拓进取，全面建设社会主义现代化国家，奋力谱写中国式现代化新篇章。

喜庆的灯笼、红色的门楼、热闹的舞狮表演……古色古香的天津古文化街上一派节日气象。桂发祥十八街麻花、果仁张、泥人张、杨柳青年画等特色店铺，吸引着八方来客。

“要保护和利用好历史文化街区，使其在现代化大都市建设中绽放异彩。”现场聆听了习近平总书记的叮嘱，天津市南开区委书记马珊珊思考良多，“历史文化街区蕴含丰富的历史价值和城市独特的文化底蕴，只有激活历史文化街区的生命力，才能充分彰显城市特色风貌，延续城市文脉、提升城市文化软实力。”

（节选自新华网2024年2月3日报道）

习近平总书记来到古文化街走近大家，向天津市民、向全国各族人民拜年

“总书记问候温暖着每一个人的心”

2月1日下午，习近平总书记来到天津古文化街，了解产品种类、销售和传统文化传承发展等情况，同店铺业主、员工和现场群众互动交流，向天津市民、向全国各族人民拜年。他说，各级党委和政府要加强节日期间民生商品的产销保供，确保数量充足、品类丰富、质量可靠，让广大群众放心消费、快乐过年。

记忆里抹不去的“天津味道”

“收到习爷爷的礼物，特别地开心，祝习爷爷新春快乐！”说起当时的场景，8岁的李彦骅和妈妈池凤涛都非常激动。池凤涛告诉记者，他们一家是津南区人，每年春节都会到天津古文化街采购年货，带孩子看花灯、逛庙会。“习近平总书记会来到咱天津看望大伙儿，感觉特别温暖。”

习近平总书记走进“果仁张”古文化街店时，小彦

骅正和妈妈在店内选购年货。“没想到总书记为孩子挑选了一款天津的特产栗羊羹。”池凤涛兴奋地给记者讲述当时的场景。

始于1830年的“果仁张”是中华老字号，“果仁张”历经百余年，已经发展到第五代，除了继承、恢复研制“果仁张”的传统技艺和产品外，还首创了挂霜系列多味果籽仁，填补了国内外同行业空白。

“果仁张”古文化街店店长孙卓介绍：“我们这个店除了‘果仁张’的产品，也增加了桂发祥十八街麻花的展卖，相当于一个‘集合店’，可以为游客提供更多的选择。”

在天津桂发祥十八街麻花展区前，总书记详细地向工作人员询问大麻花的制作工序。

作为天津赫赫有名的“食品三绝”之一，如今的桂发祥在传承经典老味道、延续发展传统制作工艺的基础上，实现了机械化自动化生产，通过了ISO9001质量管理体系以及ISO22000食品安全管理体系认证。

“我在外地的同学都特别喜欢桂发祥十八街麻花，每年都会托我买那种罐装的小麻花寄给他们，我今天就是来‘云采购’年货的。”市民李晓映介绍，“对于我们这一代人来说，‘果仁张’和桂发祥十八街麻花就是记忆里抹不去的‘天津味道’。”

赓续和传承中华文脉

进入“泥人张”店门，总书记最先驻足观看的就是展现“泥人张”发展沿革的照片墙。在1915年的巴拿马万国博览会上，“泥人张”作品《吹糖艺人》获得了名誉奖。在“泥人张”世家一代至六代作品的陈列前，总书记仔细地欣赏作品。

在“泥人张”世家的展示区，“泥人张”工作者刘强正在一张木桌旁修复《孔子抚琴》泥塑作品。

刘强表示，完成一件“泥人张”彩塑作品，要经过塑形、修复、晾干、打磨细化、烧制、上色等多道工序，常会耗时数个月。“长时间对着一件作品修复、完善细节，我们这个行业特别需要工匠精神。”在刘强看来，“泥人张”技艺代代传承，尽善尽美的追求始终如一，要想呈现出好作品，离不开对工匠精神的坚守。

“泥人张”世家经历六代传承，代有名家，至今已有198年历史。如今，第六代“泥人张”——张宇在继承家族传统技艺的同时，致力于保护传统技艺的生态环境，坚持以“泥人张”世家绘塑老作坊的运营，开展雕塑文化的推广与研究。在天津古文化街通庆里内的“泥人张”美术馆收藏了“泥人张”六代传人的作品300余套。如张明山先生的成名作《余三胜像》，大部分京剧史书均以其作为京剧史的开篇，价值珍贵。类似作品不胜枚举，体现了中华文脉的赓续和传承。

非遗展示“老城津韵”底色

小年将至，天津古文化街上人头攒动，不少人全家一起来到这里挑选年货。

历史文化是城市的灵魂，古文化街是天津城市生命的一部分。这条老街，承载着天津的文化记忆，折射着天津这座城市的发展进程。金元以来，这里逐渐成为繁华的商业市集，至今已有700年以上的历史，是天津城市的发端。

这里拥有大量的人文景观、历史建筑，以天津皇会、“泥人张”彩塑技艺为代表的非物质文化遗产，以天津天后宫、玉皇阁为代表的不可移动文物汇聚于此，充分展示了“老城津韵”的底色，以其特有的中国味、天津味、古味、文化味吸引着各方游客，成为让全国乃至世界了解天津民俗、感受天津民风、体验天津历史文化的最佳场所。

熙熙攘攘的人群中，天津杨柳青画社的年画摊位吸引了很多人驻足选购。年画摊位上还特别设置了技艺体验区，天津杨柳青画社非遗传承人苏丽妍正在现场演示首批国家级非物质文化遗产杨柳青木版年画的印制过程。在她的指导下，体验群众开心地印制出一个个大红“福”字。

“总书记来到我们的摊位前，鼓励我们把非物质文化遗产传承好，让我们倍感温暖和振奋。”天津杨柳青画社的员工兴奋回味聆听总书记重要讲话的场景。

总书记一边看，一边问。“总书记非常关心对非物质文化遗产的保护传承，对杨柳青年画问得很细致。”苏丽妍一一向总书记作了汇报。

“总书记关心的正是我们下一步努力的方向。”今年41岁、从事年画工作已有19年的苏丽妍表示，“总书记的一番话让我们感到，作为传承人，我们有责任将这些宝贵的非遗传承下去。”

习近平总书记沿街步行，现场欢声雷动，群众纷纷向总书记问好。总书记走近大家，向天津市民、向全国各族人民拜年。来自山东的李佳来天津旅游，特意到天津古文化街感受过年气氛，“没想到在这么冷的天气里，总书记来到天津，给大家拜年。总书记问候温暖着每一个人的心。”

“当时，我们龙狮队正在天津古文化街进行舞龙舞狮表演，总书记观看了我们的演出。”天津体育学院学生龙狮队的引狮员、该校武术与民族传统体育学院2022级研究生李雪娜回想起当时的情景，依然心潮澎湃。

李雪娜表示，作为一名武术与民族传统体育专业的大学生，要刻苦学习、训练，传播弘扬中华优秀传统文化，让更多人了解中国民俗，感受瑰丽多姿的中国传统文化魅力。

南开区委书记马珊珊告诉记者：“在习近平总书记的讲话中，饱含了对人民深厚的感情和情怀，鼓舞着在场的每一个人。我们会牢记总书记的殷殷嘱托，坚定信心，担当作为，保护和利用好历史文化街区，使其在现代化大都市建设中绽放光彩。”

（《天津日报》记者　廖晨霞　姜凝）

（节选自《天津日报》2024年2月3日报道）

序

承载历史　延续文脉

——一条独具特色和韵味的城市老街

2024年2月1日下午，习近平总书记来到天津古文化街考察调研。

这天，已是农历的腊月二十二，春节将近，整条街上挂满了红红的灯笼，两旁鲜艳的国旗随风轻飘，日丽风和，人流如织。这条已有700多年历史的城市老街，充满了浓浓的年味儿。

习近平总书记站在这里不无感慨地对身边群众说："天津是一座很有特色和韵味的城市。"

习近平总书记这次来到天津考察调研，既是一次与历史的相遇，也是一次与文化的对话。

天津是中国历史文化名城，也是中国北方最早和最大的开放城市。

从金元时期开始，为供应首都北京之需，每年都要从南方地区调运大批粮食和物资，南、北运河与海河交汇处的直沽港，很快成为中国北方最繁忙的港口。"晓日三岔口，连樯集万艘""一日粮船到直沽，吴罂越布满街衢"，就是对这座港口最为生动的写照。从此，以港区为中心的海河西岸，形成了繁忙市集，居民不断增加，“万灶沿河而居”。

元代实施大规模的漕粮海运，在海运终点直沽港元世祖忽必烈“敕建”天妃宫，原有的市集扩大为“宫前集”，同时又繁衍出南北两条热闹的商业街衢——宫南大街和宫北大街，也就是今天的古文化街。

到了明代初年，直沽港已发展成为“海运商舶往来之冲”。有鉴于这里对南船北马往来交通的重要性，明成祖朱棣决定在直沽设卫筑城。直沽是当年朱棣率军渡河南下，由此取得战争胜利，又夺得皇位的渡口，因此朱棣赐卫名“天津”，表示这里曾是“天子车驾所渡处”。

由于卫城修筑在直沽标志性建筑物天妃宫之后，天津老百姓之间长期流行着一句话，叫作“先有天后宫，后有天津卫”。

卫城修筑之时，直沽早已发展成为南北物资与商货的集散中心，船舶往来频繁，港口贸易兴盛，“卫”只是保卫直沽港口安全的军事单位，与地方行政管理无涉。所以在规划修筑卫城时，最终选址在直沽商贸中心的西南，采取“局部封闭，总体敞开”的筑城方针。也就是说，卫城修筑后，连樯万艘的直沽港，广受船工顶礼膜拜的天妃宫，以及日进斗金的宫南宫北大街，依然因河而生、向海而兴，未受到任何影响，也因而赋予了天津“先市后城，市在城外”的城市特色。

明清时期，大运河全线畅通，每年有数百万石漕粮，自江南经由天津运到北京。官府允许漕船“附载土宜，免征税钞”。这一优惠政策，有力地促进了南北物资交流，“粮艘商舶，鱼贯而进，殆无虚日”。天津不但是南北土特产品的集散中心，也成为北方新兴的商业城市。

这时的古文化街，已发展成当年天津城市繁华中心，是“房屋林立，相连数里”的“环城开阛”重要组成部分——临街的海河，风高舶踔，钱纳广船；街内的铺面，鳞次栉比，商货云集。南北鲜果，应时而至，苏杭奇货，店内杂陈。字画古玩，街心摆售，珠宝玉器，待价而沽。剧演新班，宴开雅座，十里笙歌，财聚八方。客商不远万里，游人终日如织。尤其是妈祖诞辰集会期间，“每日赛会，光怪陆离，百戏云集，谓之‘皇会’。香船之赴庙烧香者，不远数百里而来……所有可以泊船之处，几于无隙可寻……庙旁各店铺所卖货物，亦利市三倍”。

每逢春节，这里更是热闹非凡，自腊八开始，吊钱、春联、灯笼、灶龛、纸花、绒花、玩具等充街塞巷，“插供花看盆聚宝”“金鱼瓶映碧玻璃”，成为当年天津过年一景。

清代中叶，海禁大开，西洋珍奇，源源而来，街南“水阁”旁，辟有专售舶来物品的小洋货街，“百宝都从海舶来，玻璃大镜比门排。荷兰琐袱西番锦，怪怪奇奇洋货街”，凸显了老街聚集南北，融汇东西的特有功能。

历史，不会后退，也不会在过去停留。

近代以来，随着时光的流转，这条老街，承载了一代又一代人的酸涩悲凉，也浸透了一代又一代人对风雨岁月的回忆。老街历经了繁华与落寞，见证了兴盛与衰微；老街的背后，隐藏着半部天津城市成长的历史。老街，不仅是城市的记忆，也是城市文脉的延续。

改革开放以后，我们剥去岁月的芜杂，终使这条承载着不可再生的历史信息、具有重要历史文化价值的老街，迎来了疾飞向前的新生。

历经1985年和2002年两次大规模整修、重建，老街大量人文景观、历史风貌建筑焕发新容，展现着独特的民俗风情。老街南北，分别建有“津门故里”和“沽上艺苑”两座牌坊，街里汇集了一批中华老字号和津门老字号店铺，人们可以从中体味到天津城市文脉的丰赡与厚重。

1986年元旦，“天津古文化街”以全新的名称，向公众首次亮相。1989年，由群众和专家共同评定的新“津门十景”中，古文化街被命名为“故里寻踪”，成为“十景”之一。2007年，天津古文化街被文化和旅游部评为中国首批AAAAA级旅游景区。

700余年历史的古文化街，至今依然带有金、元、明、清以来鲜明的记忆符号，街巷之中历史的真实感似乎触手可及。如今，古文化街已是一片充满着生活情感、想象与热情的历史文化街区，并以其悠久独特的历史文化，吸引着众多游客。老街，能让人一眼千年，看到一座城市的出现、成长与变迁，展现一座城市的文化、文明和魅力。人们来到这里，无不竖起大拇指说，古文化街是一张“最天津、最民俗”的城市名片，是中国最具韵味和特色的城市老街之一。

2024年是中华人民共和国成立75周年，10月6日人民日报客户端天津频道发表了一篇《这里，“津津有味”》：

东临渤海　北依燕山
因河而生　向海而兴
六百年来
河与海在这里奔流交汇
南北货物在这里汇集转运
赋予了天津河海通达
多元包容的独特韵味
这里是北方曲艺之乡、中国话剧摇篮、京剧和相声的大码头
到茶馆听段相声是在天津游玩必备节目
在这里能感受到爽朗快乐的“津味儿”
感受到这座城市的“人文性格之特”
天津人自带快乐“哏儿”基因
骨子里的乐观豁达、诙谐幽默
体现在“listen to baibai”中
也体现在“生存一分钟快乐60秒”中
在古文化街能看到入选国家非物质文化遗产名录的
杨柳青木版年画、泥人张彩塑、风筝魏
能品尝到本地美食老字号
煎饼馃子、天津麻花、耳朵眼炸糕
中国味、天津味、文化味、津津有味
…………

寻踪故里，畅游天津，已经成为当下的旅游时尚与前沿。

习近平总书记在这次考察调研中特别指出，天津要传承创新，深入挖掘历史文化资源，打好“文化牌”。要以文化人、以文惠民、以文润城、以文兴业。展现城市文化特色和精神气质，是传承发展城市文化、培育滋养城市文明的目的所在。

当前，全市上下正在认真贯彻习近平总书记视察天津重要讲话精神，活化利用历史文化资源，在保护中发展，在发展中保护，打造具有鲜明特色和深刻内涵的“津味”城市文化新地标，彰显天津的现代化新风貌，开启全面建设社会主义现代化大都市的新征程。

津城发展的美丽画卷，正在砥砺前行中徐徐铺展！

罗澍伟

2024年10月15日

（罗澍伟，著名历史文化学者、天津社会科学院研究员、天津市文史研究馆馆员）

目　录

前言

天津，因河而生，向海而兴，自古就是漕船聚泊、客商云集之地。母亲河海河贯穿城市，哺育了海河儿女，给这座城市带来了生机与繁荣。

南开区，作为天津老城所在地，以其独特的文化内涵、世代传承的民俗民风，为这座城市平添了历史的厚重。位于南开区东北部、海河三岔河口西侧，被誉为“津卫第一街”的天津古文化街，是天津城脉的原点，见证了620余年的城市发展与变迁，孕育了这座城市的独特文化和商业文明，也诉说着津门故里的往昔岁月。

天津古文化街前身为宫南宫北大街，即以天后宫为中心的宫前大街和南北两条大街。自金元时期漕运兴起，此处就自发形成了市集的雏形，至明清时期，宫南宫北大街逐渐成为天津最早的繁华商业街区。而后，宫南宫北大街经历了战争动乱，日渐衰落。1985年，天津市政府决定复建宫南宫北大街。1986年元旦，宫南宫北大街以“天津古文化街”之名迎来新生。2002年，天津古文化街进一步开发重建，增设现代化配套设施，同时最大限度保留了古街“中国味、天津味、古味、文化味”的独特韵味。2007年，天津古文化街获评国家AAAAA级旅游景区，成为游客了解天津历史文化、体验津味民俗民风的“城市名片”。

2024年2月1日，习近平到天津古文化街视察时指出，天津是一座很有特色和韵味的城市，要保护和利用好历史文化街区，使其在现代化大都市建设中绽放异彩。传承历史文脉，复兴老城神韵，是时代赋予我们的使命。城市文脉犹如树干，每个历史时期犹如树的年轮，只有理顺这些年轮，才能认识、保护、利用好城市文化的根脉。

在这样的契机下，我们着手编写《故里寻踪——天津古文化街》一书，循着前人的脚步，走进这条古街，仔细聆听它的故事，将其散落的历史片断一一采集、梳理、记录下来，旨在厘清古街历史脉络，以史为鉴、察往知来，从历史中汲取智慧和动力，推进历史文化街区的现代化发展。同时，借由此书，深入挖掘传承以古文化街为代表的天津老城文化基因，通过介绍古文化街的成街沿革、建筑风貌、商业今昔、文化旅游、厢风卫俗等内容，向八方游客展现天津独特的人文底蕴和古韵遗风；利用“津门故里”的地缘优势，回答“我们是谁”“天津从何而来”的古老议题，引导生长于斯的人们觅古街之踪迹，发思古之幽情，寻根溯源，回顾沧桑，汲取精华，见证辉煌，唤起我们对家乡的眷恋之情，唱响对祖国的热爱之意。

著名词作家乔羽在写下歌曲《我的祖国》时曾说：“每个人心中都有‘一条大河’，无论你出生在何时何地，家门口几乎都有一条河……河上发生的事情与生命息息相关，寄托着你的喜怒哀乐。无论将来你到哪里，只要一想起家就会想起这条河，一切如在眼前。”对于我们而言，那条大河便是海河，我们的家就在那依河而建的古街上。它听惯了几百年的风雨呼啸却依旧蓬勃年轻，它看惯了几百载的世事变迁却仍然温柔坚韧；它是你扬帆起航时不舍回望的高耸幡杆，它是你仆仆归来时抚平内心褶皱的袅袅炊烟。

愿这一本书，弹响触动你心的第一个音符。

第一章 津卫第一街

天津，因京都而设，临河海而立。有海河上吞九水，中连百沽，下流入海的定位，自古以来便具有“地当九河要津、路通七省舟车”的水陆交通空间地缘优势，天津城市的聚落便是伴随着漕运而逐渐形成的。

天津原为退海之地，在五六千年前还是一片汪洋大海。其间，由于全球性气候趋冷和小冰期的到来，中国东部发生过多次海侵和大规模的海退，海平面有所下降，后来天津地区始渐露出海面。大约三四千年前，经黄河和其他众多河流入海前的洪流冲积带来的泥沙大量淤积，逐渐成为陆地。后又经过了两千多年的海浪筑堤（俗称贝壳堤或蛤蜊堤）、河流淤垫成陆，逐渐变化演进，于是便有了今天的华北平原，也就有了今日天津地区的这块陆地。

天津地处华北平原东北部与渤海相接之处，东临浩渺之渤海，西有广袤之平原。华北平原西部是太行山，北部是雄踞的燕山山脉，发源于山脉的300多条大小河流向东途中逐渐汇流，形成南运河、北运河、大清河、子牙河和永定河五大干流水系，这五条河流水系呈扇状分布，最后在天津市区位于早年狮子林桥附近的三岔河口汇入海河。天津自古就有“九河下梢”之称谓，确切地讲应该是“五河下梢”，而这五大干流的支流又何止九条。中国传统观念中的吉祥数字“九”为极数，即最大、最多，因此，把海河上游水系大大小小的支流汇总在一起，用一个“九”字表达水系之多的含义。海河整体长度虽然仅有76千米，但作为上游水系的尾闾，它像扇柄一样承载着上游之水的汇聚之力，引导约束着水流穿过天津城区，向东注入渤海。

据文物考证，早在春秋战国时期，滨海一带已有人类劳动生息，而人口的聚集繁衍，天津城市形成，均得益于海河周边地区的鱼盐之利和舟楫之便。

古代天津大规模的海运活动，可以追溯到唐代。至元、明、清，三代王朝均以北京为都城，首都所需庞大给养主要依靠从南方调运，无论是河漕，还是海漕，南上北下的大批货物都要汇集到海河上的三岔河口进行中转。明、清两代是漕运发展的鼎盛时期，亦是天津城市发展的黄金期。漕运对早年天津的繁荣与发展影响巨大。

漕运的兴盛，同时也将东南沿海一带对“护海女神”妈祖的信仰传播到了天津，海河沿岸“五方杂处，商贾凑集”，天津兼收并蓄，开放包容着来自南北各方的文化民俗，形成自己独特的韵味。

一 漕运与三岔河口

天津最古老的地域文化莫过于漕运文化了，它的历史非常久远。

所谓“漕运”，是指国家为了满足供应京城粮食消费或接济军需的需求，从水道运输粮食和物资的行为。

初开漕运

天津漕运最早可追溯到东汉曹魏时期。曹操为确保北部安全，着手沟通水运交通，保证军需运输，先后开凿了平虏渠、泉州渠和新河三条运河，将天津地区海河各个水道接通。

由于三条运河的开凿，初步形成了扇形的海河水系，把天津附近的水路从四面八方连接起来。因此可以说，早在曹魏时期，天津地区的漕粮运输就已初现雏形，为后来隋炀帝开凿大运河奠定了基础，促进了以后天津航运枢纽地位的形成。

永济渠成

隋仁寿四年（604），隋炀帝杨广即位后，迁都洛阳。隋大业四年（608），隋炀帝为北征辽东高句丽用兵时输送人员与军需物资，下令开凿了途经今天津静海独流镇地区全长近1 000千米的永济渠。

曹操当年是“遏淇水（古为黄河支流，位于今河南省北部林州市）入白沟”，隋炀帝开凿的运河则是“引沁水南达于河”。永济渠不但利用三国时期曹操所开凿白沟河道的清水和淇水作为源头，而且增加了沁水作为水源，使水运通道的流量大大增加。永济渠的开凿，连接了南北东西的交通，尤其使南北的联系更加紧密，极大地带动了当时的经济发展，为元代的京杭大运河奠定了基础，是天津地区开发的先声。

在开凿永济渠之前，隋大业元年（605），隋炀帝曾开凿从洛阳到江苏清江（今淮安市）的通济渠，全长约1 000千米，直接连接黄河与淮河；后于隋大业六年（610），隋炀帝又下令开凿从江苏镇江到浙江杭州的江南运河，全长约400千米，同时恢复邗沟故道（公元前486年，吴王夫差下令开凿的中国最早的人工运河，位于今江苏省扬州市）。至此，北段从涿郡到洛阳约1 000千米，南段从洛阳到杭州约1 700千米，总长约2 700千米的京杭大运河初步形成。

到了唐代，为了抵御北方游牧民族不断侵扰，朝廷在北部边防的幽州（今北京市）、渔阳（今天津市蓟州区）等地驻有重兵，为了满足北方军事物资需求，朝廷每年通过永济渠向北部边防运送漕粮。因此在唐代，永济渠仍然是流经河北地区、通达北部边防的主要水道，并且其漕运功能更为重要。

此外，当时还通过海洋从江浙地区运送漕粮至北部边防，渤海湾西岸接纳江南漕运的海口称为“三会海口”。“三会海口”

地处今东丽区军粮城一带，因南来的清河、西来的津沱河、北来的沽河在此汇合入海而得名。现今天津军粮城西即是当时停泊漕船和屯储军粮的重要港口。

唐代，天津地区海运是非常繁盛的。唐代大诗人杜甫在诗中对此描绘："渔阳豪侠地，击鼓吹笙竽。云帆转辽海，粳稻来东吴。越罗与楚练，照耀舆台躯""幽燕盛用武，供给亦劳哉。吴门转粟帛，泛海陵蓬莱"。这些都是唐代中叶以后天津地区海运的繁盛景况。

从唐代开始，天津虽然还没有形成城市聚落，但是永济渠的作用，使天津地区的战略重要性逐渐提高，特别是在军事后勤方面，河海联运的优势已经显现出来。

三岔河口"直沽寨"

据考证，三岔河口源于夏、商时代，形成于秦汉之际。《辽史》已称之为"三岔口"，但不是地名，而是南、北运河与今海河交汇处，故泛称之为"三岔河口"。

宋与辽曾以今海河为界线南北对峙，故亦称为"界河"。在此期间，天津漕运基本处于停滞状态。

金天会三年（1125），金灭辽，又于金天会五年（1127）灭北宋，天津地区置于北方统一的金代政权统治之下。金贞元元年（1153），金朝由上京会宁府（今哈尔滨市阿城区附近）迁都于燕京（今北京市），改称中都。

《畿辅通志》中的三岔河口（上方是海河方向，左方是北运河，下方为南运河）

金朝迁都燕京后，政治重心的南移和燕京地区军民人口的不断增加，必然带来粮食紧缺和陆运物资成本问题。由于三岔河口至通州的航道是逆水行漕，运输效率较低，三岔河口、柳口（今杨柳青）一带十余里的码头岸线，常有大量漕船滞行。为了满足中都皇室贵族、文武百官和军队的粮食物资需要，金朝在隋炀帝开凿的永济渠故道的基础上对运河进行了改造和疏通。金泰和五年（1205），金章宗“至霸州，以故漕河浅涩，敕尚书省发山东、河北、河东、中都、北京军夫六千，改凿之”，使三岔河口码头的集运航道得到了改善。改凿后的漕渠不再流经永济渠旧道，而是向北经过天津的三岔河口，然后通过潞河北上至通州和京师。自此，金朝大力发展漕运，将河北、山东等地的粮食运到燕京，以维持首都粮食和物资的供给。三岔河口作为漕粮运输的转运港口码头，发挥了巨大的作用。

金代，漕运制度也日益完善。《金史》记载："春运以冰消行，暑雨毕；秋运以八月行，冰凝毕。"金代漕运分春、秋两运，春运的时间是从冰消融开始，至暑雨天结束，秋运从八月开始，至河水结冰停止。

金泰和六年（1206），为保证漕河的畅通，金朝在户部之下设置了专管漕运的"漕运司"，规定：各港口及漕河所经之地，州、府长官皆兼"提控漕河事"，县官兼"管勾漕河事"，以加强漕运管理。

临近三岔河口南运河段（南开区档案馆提供）

三岔河口码头（图左远方为望海楼）

此时天津的海岸及河流已基本稳定，成为一条可通航河、海漕船的良好港内航道。三岔河口也已发展成为重要的军事要塞和漕粮转运大码头。金贞祐元年（1213），金朝以三岔河口一带（即今狮子林桥西南侧的玉皇阁附近）为中心，建立“直沽寨”（后被人们称作“小直沽”，三岔河口亦因此被称为“直沽港”“直沽”），派兵戍守，此乃天津这块土地有政治建制的起始。直沽寨的出现，使天津地区的战略地位发生了深刻变化，为日后天津城市的形成与发展奠定了重要基础。

直沽港距中都仅一百余千米，其四通八达的航路，成为中都通向各地海陆联运的咽喉和枢纽、连接金朝广大地区的交通要津，虽与隋、唐、北宋时期的漕运路线已略有不同，但开启了元代以后各代北方漕运的先河。金朝所建立的各种漕运制度，也都为以后历代所继承并加以发扬。

历史上自1901年至1923年，海河曾先后六次裁弯取直，其中第五次裁弯取直是1918年。三岔河口的裁弯取直工程对素有“七十二沽”之称，以“湾曲过甚”的南、北运河为代表的过去天津海河水系航道进行了改善，使北运河与海河形成一条直流河

直沽港（图左远方为望海楼）

裁弯取直前的老三岔河口（远方为望海楼）

道，将三水交汇之处（原在今望海楼前）向北移至现在的金钢桥上游，形成了今天的新三岔河口。

由寨改镇

金泰和六年，成吉思汗建立蒙古汗国。元至元八年（1271），元世祖忽必烈改国号为元，改中都为大都（今北京市）。元朝是第一个将首都建在北方、统治全国的封建王朝。

元朝定都大都后，由于经济中心仍处于长江中下游一带，黄河以北地区的粮食产量不及江浙的一半，为保障供应北方京师生活物资的需要，“百司庶府之繁，卫士编民之众，无不仰给于江南”，在此前提下，漕运规模空前。

漕运最初为河运，大部分仍然使用前朝的旧有运河，后因南、北大运河中段淤堵，遂开挖了山东境内的会通河和北京至通州的通惠河。会通河和通惠河开通后，漕粮运输不再绕道河南，而是从山东境内直接北上，大幅缩短了漕运路程，也免除了陆运之苦，而通惠河的开通则使漕粮能便利地从通州运往大都。

元朝在隋唐大运河的基础上作了一次大调整，将其变成一条从杭州到北京的直线运河，也就是现在的京杭大运河。

由于运河河道狭窄，遇有水灾就会决溢，旱灾则会淤浅，不能经常保持畅通，所以其运输漕粮的数量远远不能满足大都的需要。于是，元至元十九年（1282），元世祖忽必烈采用丞相伯颜建议改行海运。此后海运漕粮逐年增加，数量倍增，海运已成为元朝运输漕粮的主要方式。

元代，天津盐业得到长足发展，无论是河运还是海运，三岔河口的直沽港都是转运枢纽，货物需在直沽港卸存，然后改装小船，经北运河转运大都北京。直沽港亦因此成为辐射力较强的商品集散地。据《畿辅通志》载，天津“当河海之冲，为畿辅之门户，俨然一大都会也”“九州万国贡赋之艘，仕官出入、商旅往来之帆楫，莫不栖泊于其境；江淮赋税由此达，燕赵渔盐由此给”。三岔河口近岸，也已发展成为重要的水旱码头、漕运中心，日益繁荣。元代诗人傅若金在其《直沽口》的诗中描写道：“转粟春秋入，行舟日夜过。”元代诗人王懋德在其《直沽》的诗中描写道：“东吴转海输粳稻，一夕潮来集万船。”

由于直沽港的地位日趋重要，元至元二十五年（1288），直沽港周边建立了海运米仓，元至元二十七年（1290），又设置了管理漕运的接运厅和临清万户府。据《天津县新志》记载，接运厅“在大直沽，去城东南十里许”，主要负责接收通过海道运到天津的漕粮，而临清万户府是负责河道运粮的机构。元延祐三年（1316），元朝廷将单纯的军事据守点直沽寨改为“海津镇”。由此可见，三岔河口直沽港“河海通津”的枢纽功能日益凸显。

“天津”设卫

明朝开国皇帝明太祖朱元璋去世后，传位于他的长孙朱允炆。明建文二年（1400），镇守北平的朱元璋四子燕王朱棣为与侄儿朱允炆争夺皇位，以平定“靖难之乱”为名，率军南下。朱棣率军从天津三岔河口附近的直沽建造浮桥，渡河南下袭取沧州，于明建文四年（1402）攻入当时明朝首都南京，登上了天子宝座，即后世所称明成祖，改年号为永乐，赐直沽渡口名“天津”。“天”为天子，“津”为渡口，意为“天子渡口”。

明永乐二年（1404）十二月二十三日，朝廷在扼守河海要冲的天津三岔河口直沽港的西南设“卫”（明朝的军事建制，一卫有兵员5 600人），建筑城池，即“天津卫”（今老城厢），派兵把守。其主要原因还是为了漕运，据《明实录天津史料汇编》记载：“设天津卫。上以直沽海运商舶往来之冲，宜设军卫，且海口田土膏腴，命调缘海诸卫军士屯守。”明永乐三年（1405）一月九日，增设了天津左卫，明永乐四年（1406）十二月十八日又增设了天津右卫。从此，天津便成为畿辅首邑。据明嘉靖二十九年（1550）四月《重修天津三官庙记》碑载：“夫天津小直沽之地，古斥卤之区也。我朝成祖文皇帝，入靖内难，圣驾尝由此渡沧州，因赐名曰天津，筑城凿池，而三卫立焉。”这块石碑记录了“天津”得名和“天津卫”城池建立的直接缘由。

清雍正三年（1725），改天津卫为天津州；清雍正九年（1731），又升天津州为天津府，几年之间政治建制一再升级，说明天津的经济、军事地位日趋重要。

明永乐十三年（1415），明朝修建了山东泰安戴村坝和山东汶上县的南旺分水闸，彻底沟通了京杭大运河，每年运往北京的漕粮达五六百万石。为减少漕运投入，朝廷准许漕船上的船工附

燕王朱棣雕像（赵思琪 摄）

“天子津渡”纪念碑（郭恒超 摄）

载南北方土特产品，并免征税赋。每年至少有200万石的土特产品通过运河漕船北上或南下。

清咸丰五年（1855），黄河在河南兰阳（今兰考县境内）铜瓦厢决口北流，穿过运河，夺大清河入渤海，导致运河河道淤塞，漕运中梗。此后，南方的漕粮多经海运至天津，然后经过海河、北运河运往京师。三岔河口直沽港成为一个重要的转运和仓储基地，其河海漕运咽喉地位更为突出，沟通了南北经济与文化的发展与交流，天津也得以在漕运中迅速发展。清人程凤文《天津府志》曾记载："京师岁食东南数百万之漕，悉道经于此（指天津）""（天津）北近京师，东连海岱，天下粮艘商舶鱼贯而进，殆无虚日""通舟楫之利，聚天下之粟，致天下之货，以利京师"。

晚清时期，随着天津的开埠，天津已成为中国北方最大的商品集散地，对外贸易迅速发展，当时天津的棉麻出口占全国出口总量的50%以上，畜产品出口占全国的70%以上，海河逐渐取代了运河的功能，成为天津河海运输的重要通道。至清光绪三十年

清《潞河督运图》中的三岔河口

（1904），除江苏、浙江两个省外，其他地区的漕运悉废，运河天津段的漕运功能即告结束。其余河道虽仍具备航运功能，但到近代，随着火车、汽车等现代化交通工具的兴起，加之南京成立了中华民国临时政府，运河的航运能力逐渐衰退。

二 天津天后宫

妈祖信仰最初流传于东南沿海福建、浙江、台湾一带。妈祖，即“护航女神”，传说她能保护在江河湖海中行船人的安全。自宋代航海发展，元代又兴漕运，故对妈祖的崇奉愈来愈重。妈祖信仰文化因漕运传播到天津后，逐渐与天津本土文化相融合，创造出了独特的、鲜明的天津地域文化。

天后林默娘

妈祖，是南方人们对“护航女神”的亲昵称呼。

妈祖原名林默，世人尊称林默娘，是福建莆田湄洲岛的一位渔家女子，生于北宋建隆元年（960）三月二十三日。因她出生至弥月间都不啼哭，遂得名林默。

据史书记载，林默“生而神异”，有“祥光异香”，自幼“资慧颖悟”。8岁读私塾，一读成诵；10岁信佛诵经，悟性极

《天后圣迹图》中的林默娘

强；13岁时有位叫玄通的老禅师常到她家传授禅机，授予了林默“玄微秘法”；15岁便精通医理为人治病，决心终生行善济人。林默熟谙水性，时常扶危济险，救人于水厄海难。她还能观察风云变化、预测天气，告诉船户可否出航，保护渔舟、商船安全，“人呼神女，又曰龙女”，遂有了“能乘席渡海，云游岛屿间”这一美丽的传说。

据著名教育家郑贞文在《闽贤事略初稿》中载：“屿之西有门夹乡，礁石错杂，有商船渡此，遭风，舟人哀号求救，孝女谓宜急拯，众见风涛震荡，不敢前，孝女自驾舟往救，商船得以不沉。自是矢志不嫁，专以行善济人为己任，尤多于水上救人，世因称其灵异，流传不衰。”林默大仁大义的品德赢得了大家的钦佩与尊重，被广为传颂。

北宋雍熙四年（987）九月九日，是年仅27岁的林默“羽化升天”之日。关于林默的英年早逝，民间有两种传说：一是因忘我救助海上遇险渔民，不幸被台风夺去了年轻的生命，乡人感其恩惠，遂立祠供奉；二是雍熙四年重阳节，林默登上湄洲岛峰顶后“升天”，成了“仙”，再也没有回来，乡人怀念她，于是在她升天的地方立祠（即福建莆田湄洲妈祖庙）祀奉，称她为“通贤神女”。

随着时间的推移，林默造福于人的事迹广泛传播，人们对她的信仰愈加虔诚，民间赋予她的神秘色彩也愈传愈烈，使林默从一个受天意神典而聪颖异常的神女，逐渐演变为法力无边、有求必应的女神，并第一次由民间传到官府，得到了朝廷的确认与嘉奖。北宋宣和五年（1123），赴高丽使臣路允迪的船队在海上遇到大风暴，七只船沉没了六只，路允迪所乘船只因受随船人员保义朗（官职）莆田人李振的告知，诚心祈祷民间护航女神林默的保护，风浪即顿息，遂转危为安。路允迪还朝复命时将此奇遇上奏皇上。宋徽宗遂下诏封林默为“南海女神”，御赐“顺济”匾额，这是朝廷的第一次敕封。南宋绍兴二十六年（1156），因海神林默显灵解救旱灾，宋高宗赵构封林默为“灵惠夫人”。

此后，历代王朝的统治者出于政治的需要，亦不断地对林默加以褒奖和晋封。清光绪元年（1875），朝廷对其进行了最后一次册封，封号为“护国庇民妙灵昭应弘仁普济福佑群生诚感咸孚显神赞顺垂慈笃祜安澜利运泽覃海宇恬波宣惠导流衍庆靖洋锡祉恩周德溥卫漕保泰振武绥疆嘉佑敷仁天后”，一共66字。自北宋第一次册封至清朝的最后一次册封，前后经历了752年，其间各朝代共加封50余次（包括御赐匾额），封号逐步升级，林默的神祇地位亦愈来愈高，由“女神”到“夫人”“妃”“贵妃”“天妃”“天后”，直至晋升为“天上圣母”。

历代皇帝的尊崇和褒封，使林默由民间女神升格为官方的航海保护神，赋予林默宋代“护国庇民”、元代“漕运保泰”、明代“使洋护航”、清代“协助定台”、现代海峡和平女神等大义昭然的任务。妈祖信仰延续之久、传播之广、影响之深，是其他民间信仰所不曾有过且不可思议的，达到无人不知、不可替代的程度。

经过千百年的传播，随着信众遍布国内和走出国门，林默也从湄洲逐渐走向全国沿河海地区乃至世界各地，成为一位跨越地区、跨越国界的国际性神祇，并对中国沿海文化及东亚海洋文化产生了重大的影响。

敕建天妃宫

妈祖信仰早在宋代就已经很普遍，并且为朝廷所承认，但直到元初还只限于南方，尤其是其发源地福建地区。

“天下至计，莫于食；天下至险，莫于海。”人们一向恐惧大海风涛的凶险，神女林默便很自然地被人们作为拥有超人力量的偶像。当人们航行闯过风险而平安到达目的地之后，就越加附会于神女林默的灵验，祷告感恩林默的保佑。

元代南粮北调，推行海漕，由于当时航海技术的局限，行船均是靠风力，航海安全也只能凭运气，漕船倾覆、船工葬身大海的事件几乎每年都有。来自闽浙的船户、船工和水手早已养成了“不拜海神不上船”的习俗，在他们常年往来于直沽港的过程中，也就将自己家乡的妈祖信仰风俗带到了天津。

天津，作为南来北往漕运的重要枢纽，元朝于至元十八年到至元二十一年（1281—1284），在大直沽（今河东区）建“天妃灵慈宫”（俗称“东庙”），明万历六年（1578）重修，清光绪二十六年（1900）被毁，清光绪三十一年（1905）修复正殿三间。1976年，该庙正殿被拆除，2001年12月，于原址建成元明清天妃宫遗址博物馆。

元泰定三年（1326）八月，元朝又于三岔河口直沽港海河西岸的海津镇敕建“天妃宫”（俗称“西庙”“娘娘宫”）。这两处天妃宫，是元代天津河海漕运发达兴盛的见证。至清康熙二十三年（1684），林默被晋封为“天后”后，此天妃宫即改称“天后宫”。

明永乐二年十二月二十三日，天津于海津镇天妃宫西面设卫筑城，比天妃宫晚了78年，故天津民间流行“先有娘娘宫，后有天津卫”之俗语；当年，天妃宫因三岔河口直沽港而建，故亦有“先有三岔河口，后有天津卫”之说。从而，漕运文化与妈祖文化亦成为天津民风民俗历史的文化基因。

天后宫山门正中拱门上以整砖镌刻有“敕建天后宫”五个字

匾额，显示是奉旨修建。上首可识“乾隆己巳秋九月”，即建于清乾隆十四年（1749）九月。1986年，天后宫重修后，新的山门砖额已无上款。山门背面有“灵护万方”砖额，意为妈祖的神通可以护佑万方百姓。

山门后面有一座两柱一楼式木质牌楼，前檐正中竖悬“天后宫”三字木匾，斗拱下边原匾额为“护国保民”，意为上可捍卫国家，下能保护人民。清康熙十三年（1674），天津道副使薛柱斗重修天后宫牌楼，将正面横匾变更为“海门慈筏”，“海门”

天津天后宫

天后宫牌楼（南开区档案馆提供）

指海河口，也是天津别称，意为妈祖是天津的慈悲保护神。背匾刻有“百谷朝宗”，“百谷”指所有河流，意为天下之水皆由妈祖掌管。现存牌楼为被拆毁后在原址上重建而成。

现在的前殿是明代所建，为面阔三间的穿堂殿，是以前的山门，也称山门殿，门额“三津福主”。所谓“三津”有两种说法：一是指南、北运河于三岔河口交汇而入海河的三条河，实指天津所有水系；二是指天津卫、天津左卫和天津右卫，三卫合一。两种说法皆代表天津卫，“福主”即能为地方带来吉祥、幸福、财富和安康的主宰者，意为妈祖是三津大地的保护神。殿前两侧立有一对汉白玉瑞兽和两座高大的石碑。殿内正中为彩塑护法神王灵官，两侧分别是嘉恶、嘉善、千里眼、顺风耳四尊彩塑护卫神像。前殿后门门额为“普天同济”。

天后宫前殿彩绘泥塑（天津民俗博物馆提供）

前殿后面为建造在高大台基之上的正殿（亦称大殿），正殿平面为凸字形，由三座建筑勾连搭建而成，前楼卷棚抱厦，后凸出部分称为凤尾殿，构成正殿的整体。正殿是天后宫的主体建筑，殿前两侧立有一对明代的石狮子，面阔三间，正中抱厦门上悬“护国保民”金匾，凸显朝廷敕建的意愿。其左右悬挂有“资生锡类”和“宇宙精灵”两匾，表达人们对妈祖超凡脱俗、善施百姓的歌颂。殿内正中高悬“垂佑瀛堧”，“瀛”意为海上，“堧”（yuán）意为庙外河边的土地，即天津，是歌颂妈祖福佑航海人及津沽大地之意。妈祖端坐于正殿内神龛高台正中，身着霞帔，头戴凤冠，充满皇家威严，却面貌和善，眼蕴慈祥。

妈祖坐像左右两旁恭立四侍女仙班捧印、抱瓶、打扇。殿内

天后宫正殿彩绘泥塑

周边墙上是由天津市妈祖文化促进会名誉会长、著名画家蔡长奎先生绘制，记录妈祖济世助人、勇于献身事迹的巨幅壁画《天后圣迹图》。

天后圣母

曾任江西九江知府的清代嘉庆进士郑瑞麒为天津天后宫娘娘题过一副对联：“补天娲神，行地母神，大哉乾，至哉坤，千古两般神女；治水禹圣，济川后圣，河之清，海之晏，九州一样圣功。”联中将女娲和天后称为“千古女神”；把妈祖护航利运之功与大禹治水之功相提并论，对妈祖的神迹作了高度的概括，让人读来对妈祖顿生敬仰之情。

正殿后方接有凤尾殿，供奉着净瓶观音、滴水观音、渡海观音和南海观音。凤尾殿的对面是面阔五间、上下两层砖木结构的藏经阁，即存放典籍之处，现在是天后宫博物馆。藏经阁背后是启圣殿，为供奉天后父母的面阔三间小殿。正殿左右两侧还有若干配殿。

天后宫历代修缮

天津天后宫，在距今近700年的历史中，屡有重修和扩建、改建。1954年，天津市政府将天后宫公布为第一批市级文物保护单位。1957年，对宫内主要建筑进行了维修油饰，天后宫得到初步治理。1966—1976年，天后宫遭到破坏，前殿、牌坊、戏楼被拆，宫内被辟为民宅。1976年，唐山大地震时，天后宫部分建筑震损严重，宫内千疮百孔。1982年，天后宫再次被列为市级文物保护单位。1985年，天津市人民政府决定修复天后宫，修建宫南、宫北大街为古文化街，修缮前搬迁宫内72户居民和6家公建单位。此次修复工程以保证天后宫中轴线上各殿建筑原有风貌为主，调整了原来参差不齐、拥挤零乱的两侧配殿，对山门、正殿、藏经阁、启圣祠、张仙阁、钟鼓楼和一对幡杆实施了大修，并重建了戏楼、牌坊、前殿和配殿，还在宫内建立了国内首座民俗博物馆——天津民俗博物馆，对外开放。2004年，天后宫重修，并在原址的基础上进行扩建，从原有的5 000多平方米扩建到8 000多平方米。2009年，对天后宫正殿屋顶进行了“修旧如旧”修缮。2010年4月，对天后宫排水管网实施了改造。2024年10月，对山门、幡杆等进行了修缮。

修复后的天后宫，保留了明代重修后的建筑风格，是一座雄伟壮观、规模较大的古建筑群，与福建省莆田湄洲妈祖祖庙、台湾省北港朝天宫并称中国“三大妈祖庙”，成为中国北方妈祖文化研究和交流的中心。

兴建“五馆一园”

2014年4月30日，天津古文化街于天后宫南面的小广场，建成由“五馆一园”，即天津民俗博物馆、老美华华夏鞋文化博物馆、联升斋刺绣艺术博物馆、国粹宫典藏博物馆、老水阁博物馆和妈祖文化主题公园组成的民俗文化博览园；竖立起总体高为9.6米（意为妈祖出生于960年）汉白玉石材的妈祖雕像，妈祖雕像面朝东南（正南偏东7.173°，遥对福建省莆田湄洲妈祖祖庙）。妈祖形象保持了地方特色，端庄、慈祥，相貌与天后宫娘娘像一致，手持照明灯，有别于各地妈祖雕像手持如意、夜明珠等，寓意为“保津门平安，为百姓祈福”。雕像基座正面雕刻有“天后圣母”四个字。妈祖雕像于同年10月举办的第七届“中国·天津妈祖文化旅游节”中剪彩揭幕，以此隆重纪念天津设卫

妈祖文化主题公园妈祖像

筑城610周年。

天津天后宫是京杭大运河目前保留的七个历史文化遗存之一，可见天后宫与大运河的渊源之深。河海漕运大潮将妈祖文化播撒于天津，对天津城市的兴起与发展产生了至为深远的影响，是天津地域文化中的一颗璀璨明珠。

京杭大运河·天后宫特种邮票（由国庆提供）

妈祖文化与天津本土文化的融合

妈祖信仰自元代随着漕运传播到天津以后的数百年间，很快与天津的本土文化相融合，形成了独具地方特色的民间信仰。妈祖有了天津味道的亲切称呼，称作“娘娘”，这显示出天津人对妈祖注入了亲情，好似与神仙的关系很近，视天后为亦官亦民之神。天后宫也就成了天津人的“娘娘宫”。

天津人务实，注重生活功利的心态，在天后宫中有着具体形象的体现，并愈来愈加固加深。在百姓的眼里，妈祖天后娘娘就是可司各事之神，因此赋予了妈祖更多、更实际的功能和法力，妈祖的司职被大大地扩展了。妈祖也由最初“安澜利济、海晏翕流”的护航海神，转变成为“三津福主、赞顺敷慈、灵护万方”的天津城市保护神。天后宫亦承载了更多的民俗功能。

如此，除妈祖天后娘娘外，还有了按其职司分化的所谓替天后娘娘分劳的子孙娘娘（护佑家族延续不断）、送生娘娘（保护生男育女）、眼光娘娘（祛除眼疾）、斑疹娘娘、痘疹娘娘（同为保佑患天花的孩子平安）、耳光娘娘（消除耳疾）、乳母娘娘（专管雇用奶母的奶水质量）、千子娘娘、百子娘娘、引母娘娘等。

人们为了满足旧时各个层次、各个方面的心理需求，又渐渐将民间信奉且十分庞杂的诸神请入天后宫中，建殿设龛，燃香供奉。有佛界的释迦牟尼、南海大士和诸位观音、大势至菩萨等；有道家的玉皇大帝、太上老君、地母娘娘、吕祖、斗姥、太阳星君、太阴星君、王灵官、文昌、三官等；有仙家白老太太（刺猬仙）、黄二大爷（黄鼬仙）等；还有天津地方特色的民间神灵四海龙王、王三奶奶、挑水哥哥、憨娘娘、疙瘩刘爷、挠大三爷（挠司大人）、傻哥哥等；以及居家保护神灶王、财神、药王、关帝、岳武穆、泰山娘娘、河伯、雷公、电母、火神、掌管文运之神魁星、行业保护神唐明皇、六十甲子、报事童子、散行瘟疹童子、逐姓催生郎君、送浆哥哥、兼管乳食宫官、救急施药仙官、散行天花仙女等100多位神灵，形成了佛、道、仙等杂神同祀的特殊形式。

这些神通广大的神仙都被妈祖召集至此，天后娘娘也显得愈加法力无边，好像一切世间祸福、安危兴败，全都能在此释怀。人们不管有什么需求，必定能在天后宫里面找到对应的神灵来膜拜。如希望健康长寿、祛除疾病，就要拜祛病大师“王三奶奶”，俗话说：“摸摸王三奶奶手，百病全没有；摸摸王三奶奶脚，百病全都跑。”求子、繁衍后代，是人类生存观的重要内容，“拴娃娃”中的“娃娃大哥”是天津独有的风俗。祈求生活风调雨顺、国泰民安，就要拜四海龙王。期盼进财过好日子就要拜财神和挑水大哥，如此等等。

自明朝天津设卫筑城以来，随着城郭范围逐渐扩大，天津盐业、渔业、航运业、手工业、商业日益发达，南粮北运，南北物资交流进一步发展，到天后宫烧香膜拜的已不仅仅是江海船户、船工和水手，更多的是求子、求财、求姻缘、求平安、求祛疾、求辟邪的百姓，天后宫香火愈盛。明清期间，妈祖信仰亦不断地方化、普及化，与天津的本土文化逐渐融合，天津已成为北方信仰妈祖最大的城市。天津百姓这种将妈祖天后娘娘视为“三津福主”的世俗生存观念，无疑提高了天后宫的凝聚力和影响力，也赋予了天津民俗文化新的内涵。

妈祖文化能够在天津扎根，其内在的感情因素包含三个方面：一是因为千百年前，天津是退海之地，历史的遗存使天津人从情感上对海洋情有独钟；二是移民城市所特有的环境，需要百姓在共同的生活中构建一种共同的信仰；三是妈祖身上体现出的崇高的传统美德符合广大民众所追求的理想人格模式。因此传入天津的妈祖文化，形成了具有中国北方特色的民间信仰文化圈和天津独有的民俗信仰，成为天津民间文化的重要组成部分，至今绵延不绝。

三 宫南宫北渐成街

以天后宫为中心的宫前街和南、北两条大街，即宫南大街与宫北大街，为现今天津古文化街的前身，全长687米。

宫南大街、宫北大街于天后宫前的宫前街相衔接，东边面临海河，与海河平行；西边连接卫城；宫北大街北口至原老铁桥大街（1994年5月，内环线拓宽后，改为“通北路”）；宫南大街南口至东门外水阁大街。这两个大街区域因漕运、三岔河口直沽港和天后宫的特殊地理位置与环境造就，是天津最早的北方地区粮食、食盐和商品集散地，对天津城市的形成与早期的繁荣，有着非常特殊的影响。

天津著名历史文化学者罗澍伟老先生曾讲过：“天津是‘先市后城’‘市在城外’发展模式的典型代表。”

而“市”的形成，对天津这个城市的孕育和催生，是“先人后庙，以庙聚人”，然后便有了“以庙兴城，以庙兴市”，庙旺城兴的良性互动态势，其中当然还包括了“以庙兴市，以市兴街”。

先人后庙，以庙聚人

据史料记载，平日到天后宫祭祷的信众中，常来的依然是江海船户、船工和水手，到庙中烧香，祈求平安。清人汪沆《津门杂事诗》有“天后宫前舶贾船，相呼郎罢祷神筵”的诗句，清人蒋诗《沽河杂吟》有“刘家巷里如云舶，部祷灵慈天后宫”的诗句，描写的都是江海船户、船工和水手们祭祀天后娘娘的热闹情景。

随着各路神灵不断地被请入天后宫，到天后宫祭祷的信众更多是来自周边城乡的达官显贵、商贾豪绅、百姓小贩，他们都会根据自己的需求来天后宫进香。

清光绪三年（1877）六月，上海《申报·天后宫香市》载：“天津，濒海之区。天后元君福佑海疆，故其香火最盛。”

清人崔旭的《津门百吟》中，有“飞翻海上著朱衣，天后加封古所稀。六百年来垂庙飨，海津元代祀天妃”一诗，概括了几百年来从朝廷到民间敬奉天后娘娘的历史。

明清以后，天津天后宫的香火、人气均已达到了相当规模，独具地方特色的民俗信仰，亦促使天后宫成为天津当时极具凝聚力的文化、人口、经济等方面的中心。

以庙兴市，以市兴街

妈祖民俗信仰活动既具有文化特征，又具有商贸色彩。天后宫终年不断的香火不仅聚拢了人气，巨大的客流也带来了商机。天后宫一带也就成为天津商业文化的发源地之一。

早在元朝，北上漕船的许多船员都会捎载一些南方的酒、面、粮、谷、米、花草、竹木、器皿等带到天后宫前售卖，而北方的花生、大豆、杏仁、红黑枣、药材、人参等土特产品又经三岔河口码头运往南方。天后宫前海河西沿岸一带，土地平坦开阔，为垛存粮米、堆放货物和商品交易提供了良好的场所，如此，在天后宫前就出现了天津第一个市集的雏形，它标志着天津最早的商业从此开始。

明成化元年（1465），朝廷“许运船负载土宜（土货），免征税钞”。明弘治年间以后，对于允许运载土特产的数量限制不断放宽，清朝亦延续这一做法，每艘漕船最多可搭载150石的土宜。明朝中后期，天津卫城的军事功能逐渐衰落，伴随着商品的交流、经济的活跃，一些民间集市应运而生，天津逐渐转型成为北方重要的商贸中心。

据《天津卫志》载，明宣德年间，当时城内有五个集市，即鼓楼附近的宝泉集，逢五开集；东门内的仁厚集，逢三开集；南门内的货泉集，逢六开集；西门内的富有集，逢九开集；北门内的大道集，逢八开集。

到了明弘治六年（1493），又在城外添设五集一市，包括东门外的“通济集”，北门外的“丰乐集”，北门外西的“恒足集”，张官屯的“永丰集”，天后宫前宫南、宫北二集并称的“宫前集”，西门外的“安西市”。

“天津卫，天天集，无论买嘛不着急，今天不齐明天齐”的说法也流传开来。到了明朝末年，天津已经可以与运河南首的杭州并驾齐驱了。所以《天津卫志》说天津“名虽为卫，实在一大都会所莫能过也”。

由于三岔河口码头客商云集、南北货物集散地的繁荣、漕粮的起卸装运，亦促成了脚行职业的兴起，为搬运工、船工水手、各地客商、脚行服务的客栈、车店、饭铺等店铺也应时而兴。如

海河上的搬运工

海河上的纤夫

此，于沿南运河南岸至北门外，沿海河西岸至东门外，便自然逐渐成为天津最早的商业繁华街区。

而在这“十集一市”中，最数设在天后宫前的“宫前集”发展迅速，日益兴旺。闽粤一带的蔗糖、蓝靛、纸张、海货、茶叶、木材、干鲜果品，江浙的丝绸、木竹制品，景德镇的瓷器，辽东的豆类都在“宫前集”相互交流贸易，天后宫前沿河一带商业愈发兴盛。

“宫前集”，每月逢农历初一、十一、二十一日共三次行集。此外，农历初一和十五又逢天后宫开庙门，故月中也有大量的香客云集山门，进香拥趸纷至沓来，天后宫内香火缭绕，香客摩肩接踵，一片繁华景象。在很长一段年月里，“宫前集”始终是个百物云集、行商小贩熙来攘往的场所。明代大学士李东阳曾有诗言道："玉帛都来万国朝，梯航南去接天遥。千家市远晨分集，两岸沙平夜退潮。"

每年农历三月二十三日，是天后娘娘诞辰。清康熙初年，天后诞辰日的"娘娘会"初步形成，清乾隆时期受到皇封，成为"皇会"。其间，善男信女进香者络绎不绝，宫内异常拥挤，香火鼎盛；前后几日，天后宫前都会举行许多大型民间酬神广场艺术展演活动，被誉为"中国式的狂欢节"。届时，天后宫前沿街高搭看棚，游人如织，人头攒动，车水马龙，最是热闹，也为沿街商号带去了不少客源，尤其是服装首饰店、点心铺、餐馆、客栈以及与祭祀有关的各行各业，无不"利市三倍"，进一步拉动了天后宫前商业的发展。

清《潞河督运图》中的宫南宫北小店

历次“皇会”，吸引的不只是天津本地游人，还有河北和山东“香船之赴庙烧香者，不远数百里而来。”“由御河（南运河）起，沿至北河（北运河）、海河，帆樯群集，芥园、西大湾子、茶店口、三岔河口，所有可以泊船之处，几于无隙，可寻河上黄旗飞舞空中，俱写‘天后进香’字样”，可见当年的热闹景象。其中也不乏城郊的农民，孟韫徽《津门杂咏》说：“三月村庄农事忙，忙中一事更难忘，携儿结伴舟车载，好向娘娘庙进香。”可见，天津“皇会”曾盛极一时。

除了“皇会”，旧时天后宫前的年货市场更是颇具吸引力，热闹非凡，称之为“庙会”，亦称“娘娘宫年货市场”。每逢过年正月前，自农历“腊八”起，部分摊贩就已陆续出现，到正月十五俗称的“上全街（gāi）”（即年货摊贩全都上市），年货市场进入了高潮，热闹的天后宫庙会为商贩们提供了一个绝好的商品促销时机。

天后宫新年正月第一次开门，各地商贾云集，堵在天后宫门前两侧的集市上，盼望着赚取新年的头一份财运；无数善男信女争着抢着挤进天后宫，去给天后娘娘烧头一炷香。尤其是每年的正月十五，天津人几乎都会到此求签、逛街。城里人来这里烧香游逛，乡下人来此许愿采购，“赶集上庙”已成为天津及周边人们的习惯。

为了满足天后娘娘和各路神灵信众进香的需求，由明朝至清朝中期，天后宫门前南北两侧先是常年摆设了很多香烛纸钱、绢绒纸花摊铺，后又开设了许多此类店铺，并有素食馆，还有很多售卖各类日用产品、儿童玩具、工艺品的商店。南方的闽粤商、宁波商、徽商和西北的晋商等都来此设立商号兜售商品，形成了“洋货街”，丰富了商品市场。如此，以天后宫为中心，各种店铺向南北两侧聚集开去，原来日出而设、日暮而散的游商集市，被大大小小的坐商店铺所取代，各色商店和摊位鳞次栉比，并逐渐分别延伸出了两条商业繁华连成一气的街道，成为信众们和逛庙会人们口中俗称的“宫南大街”和“宫北大街”，统称“宫南宫北大街”。

旧时宫北街景（南开区档案馆提供）

后来宫北大街发展成钱庄、金店等“大买卖”林立的街道；而宫南大街则是纸花店、手工作坊、食品店聚集的地方。

逛庙与消费、娱乐优势互补，紧密相融，一座香火持续不断的庙宇聚拢了人气，催生繁荣了市井，这便是地理、政治、经济、社会等多种因素综合发展引发的必然结果。

天津自金元时期三岔河口一带盐业的不断扩展和自清咸丰十年（1860）后金融业的愈加活跃，更是促进了宫南宫北大街一带经济的发展，并带动了西侧估衣街、侯家后、锅店街至北门外的商业，造就了天津最早最繁华的商业街区，其经济意义非同一般。

随着漕运的通畅、经济的发展，从明朝天津设卫筑城至清朝中叶436年的天津城市发展史中，天津三岔河口区域逐渐形成了四大经济职能：漕粮转输基地、盐业中心、粮食销售中心和北方商业中心，孕育了天津商业文明，饶有意趣的“天津味”就来源于这一商业文明。

由盛而衰

第二次鸦片战争以后，天津被开辟成商埠，西方资本主义经济介入天津城市生活，经济重心逐渐向东南转移，宫南宫北大街一带开始凋零，大型店铺越来越少，只剩下一些小门面和手工作坊。天后宫里的香火也越来越少了。至清宣统二年（1910），宫南宫北大街的商业店铺仅剩200余家。

1912年12月，袁世凯制造“壬子兵变”，洗劫了宫南宫北大街。沿街商铺刚刚恢复不久，又先后经历了1920年“直皖战争”、1922年和1924年的两次“直奉战争”，连续的动荡成为宫南宫北大街商业地位直接衰败的重要原因，大型商店、商号、银号、银行纷纷迁入租界。

1931年，九一八事变爆发，随后日本帝国主义策划了“天津事变”，打砸天津重要的商业区，宫南宫北大街的商户见状，再次大规模迁入租界区，宫南宫北大街商业的败落趋势已不可逆转。1937年卢沟桥事变爆发后，天津沦陷，民生凋敝，宫南宫北大街的商业彻底停滞，走向衰落。

中华人民共和国成立后，宫南宫北大街两侧的商户已寥寥无几，有的店铺合营他迁，有的转为工厂车间，有的改为临街民居，过去喧嚣热闹的景象已荡然无存。虽有由群众自发形成的年货市场，但所销物品仍以年俗文化用品为主，销售方式主要是摆地摊儿。至1979年，宫南宫北大街街面日益冷清，基础设施极为落后，

20世纪70年代初宫北街景
（南开区档案馆提供）

完全丧失了商业街的基本功能，几乎成为一条居民街道。

这条有着600多年历史的商业街就此沉寂，让人们不禁心生感慨与惋惜。天津民众期待着宫南宫北大街能够恢复昔日的市井气息，重享记忆中往日充满烟火气的繁华。

第二章 古街新生

都说“江山锦绣美如画，还需巧手妙安排”。从昔日宫南宫北大街的衰败落寞到如今旅游商贸区的游人如织，离不开这条老街悠久的历史底蕴、优越的地理位置，更离不开政府的统筹规划。

让我们一同回顾古文化街从无到有并逐步壮大的发展历程，跨越历史了解古文化街从最初的构想到如今繁盛景象的全过程，见证它如何一步步铸就今日的辉煌！

一 古文化街修建背景及名称由来

自中国实施改革开放政策以来，天津的发展面貌焕然一新，展现出蓬勃的生机与活力。尤为显著的是，城市的公共服务体系和基础设施建设，特别是文化旅游基础建设的完善，已成为推动城市进步的重要标志。

时任天津市市长李瑞环曾指出："天津有着悠久的历史，在中国近代史上有着重要的地位，是中国文化、文物的一个博物馆和集中地。修一条古文化街，恢复和保持一些有天津特色的文化古迹，对于向人民特别是青年进行爱国主义和历史知识教育，对于继承和发扬中华民族的优秀文化遗产，丰富人民群众的文化生活，对于发展第三产业，进一步贯彻对外开放政策，都有十分重要的意义。"

在此背景之下，天津市人民政府决定修建古文化街，作为1985年天津市政府改善城市人民生活的十件大事之一。

地址选择

古文化街的选址经过反复勘察，全面考量，从东门内大街、南市华安街、清和街和宫南宫北大街四个选址方案中，选定了以天后宫为中心的宫南宫北大街。这一选址主要基于以下几点缘由：首先，宫南宫北大街在历史上对天津城市发展产生过显著的影响；其次，老天津人对天后宫具有强烈的文化认同感；再次，天后宫区域曾是天津最早的商贸中心，地理位置十分优越；最后，从建设角度来看，便于施工，投资成本低，工程量相对较小，且能在短时间内完成，并达到预期的效果。

据《天津市45年大事记（1949—1993）》记载：1985年1月14日，“天津市市长李瑞环主持召开有关区局领导干部会议，决定以天后宫为中心，兴建一条古文化街”。会上，李瑞环市长根据宫南宫北大街的实际情况，明确提出要突出“中国味、天津味、古味、文化味”，由此命名为“天津古文化街”。

二 规划与建设

1985年2月27日，时任天津市市长李瑞环主持并召开了建街工作会议，决定一期试点修复天津天后宫、文庙、广东会馆、吕祖堂等四处古建筑，二期对宫南宫北大街全面铺开，“贯彻以节约、改造为主和大家出力、‘大家拾’的原则，力争做到不华丽、不简陋，少花钱、多办事、办好事，既要节约，又要有较高的建筑艺术水平”。

古文化街坚持“四味”的经营特色，体现独特文化韵涵的规划原则，按照精打细算，物尽其用，尽量少拆迁，充分利用旧建筑的要求，仅用不到一年的时间就完成了建设，以高标准、高效率在天津建筑史上书写了浓墨重彩的一笔。

街面情况

当时的宫南宫北大街北起老铁桥大街，南至水阁大街，西侧为东马路，东邻海河和沿河马路，东马路与沿河马路相距330米。天后宫山门前的广场（宫前街），呈放射状分别连接宫南、宫北两条大街。宫前街直面海河，长107米；宫南大街长230米；宫北大街偏西走向直至旧城东北角，长350米。道路宽度7至9米，为居住小区内道路，不通机动车。街面两侧主要是低层住宅、小型公建（网点12处）。宫北大街上有中央制药二厂和服装三厂；宫前街北侧有墨水厂；宫南大街有二十七塑料厂。当时房屋质量低，基础设施差，电力线和电信线杂乱无章，亟待改善。

规划方案

在当时的天津市总体规划中，旧城东北部被划定为历史风貌保护区，它集中了市内诸如天后宫、广东会馆、文庙等市级文物保护单位。这就要求对这个地区的改造要在修复文物古迹的同时，还要对其周围的建筑进行同步提升和改造，使其有一个与之相协调的建筑环境。

在综合考量了当时的人员配置、物资供应以及工期等条件后，专家组经过多次实地走访调研，几经推敲，确定了规划方案：

采取“一层皮”改建的方法。对宫南宫北大街两侧的沿街居民进行动迁安置，共涉及居民684户，建筑面积1.49万平方米，由南开区人民政府负责。涉及的12处商业网点，采取并、转的办法，安排在文化街和附近地区商店。二十七塑料厂污染严重，迁到新辟工业区；墨水厂部分厂房迁至新厂址；服装三厂和中央制药二厂列入远期拆迁计划。

规划方案确定了古文化街经营项目为天津传统文化商品。古文化街总建筑面积为1.7万平方米，基本上是老字号，小铺面，多品种，参考食品街，打造百家店。恢复宫南宫北原有的商店，如玉丰泰花店、文丰纸张店、萃文魁、修竹斋、真素园等；也有从其他地方移植的名特商店，如泥人张、风筝魏、杨柳青年画等；另外还有新型工艺美术品商店、旅游纪念品商店、饮食服务商店；以及具有天津特色的硬木家具、刻砖、宫灯、戏装、花草鱼虫、土特产商店等。

古文化街修建工程确立了坚持大部分建筑在原有旧建筑基础上进行仿古改造的原则。古文化街所在地区原有房屋建筑多是店铺，后来改成住宅，对此类房屋采取迁而不拆的办法。对质量较差的房屋通过结构加固、外饰面装修，恢复其原有风貌。对危漏房予以推倒重建，并按天津民间建筑形式统一设计。

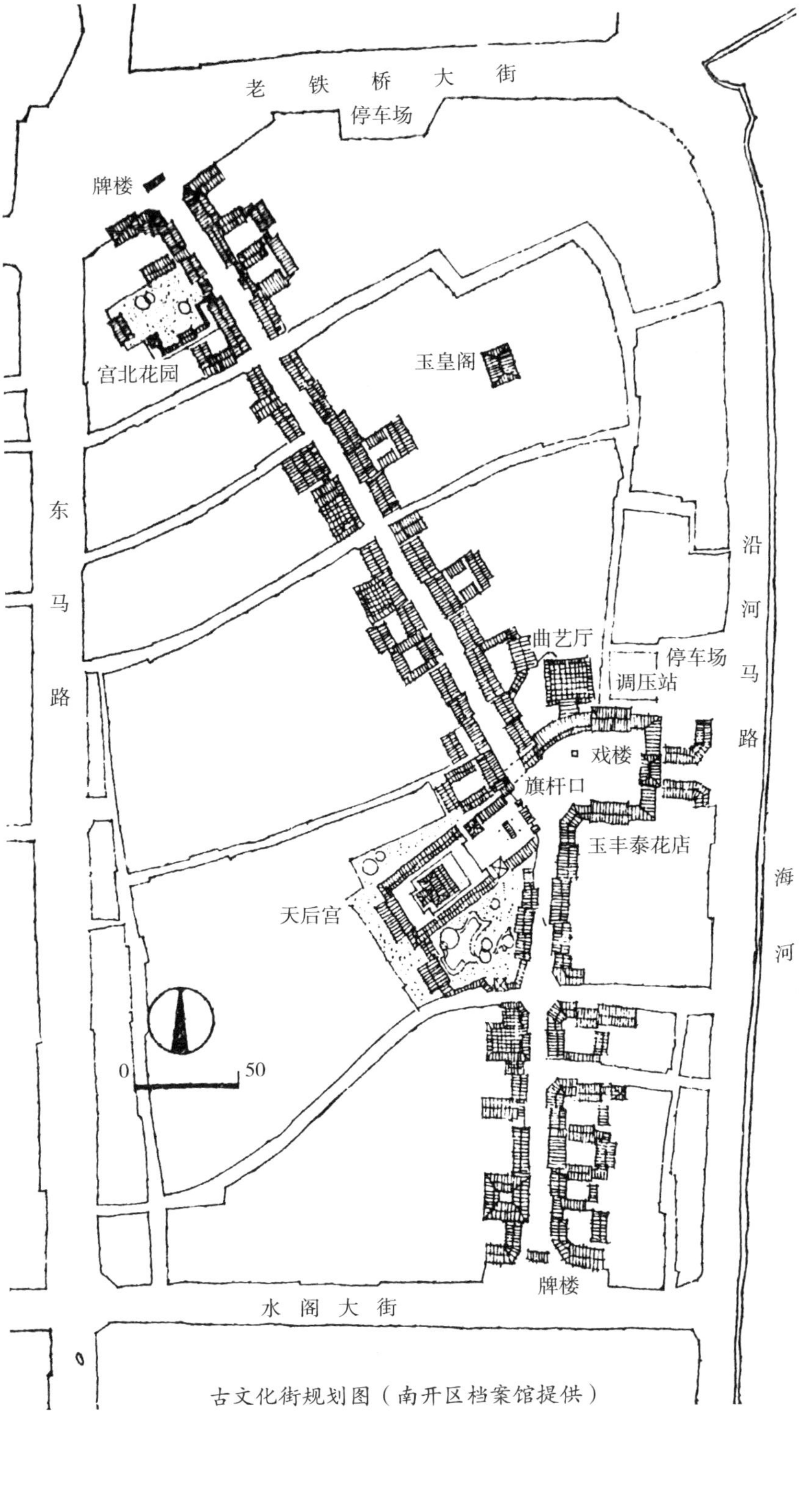

古文化街规划图（南开区档案馆提供）

修建纪实

古文化街修建工程共动迁宫南宫北大街两侧和古建筑内的居民住户726户，工商企、事业单位66处，拆迁面积1.6万余平方米。动员拆迁工作由南开区人民政府负责，不到一个月便完成了工商企、事业单位的动迁工作，为古文化街的动工争取了宝贵时间。

修建工程于1985年5月17日正式开工。由天津市房管局章世清总工程师担负整个工程的指挥工作。天津市建筑设计院及天津市房管局系统的房屋鉴定设计处等单位负责设计，天津市房管局第一修建工程公司负责施工。公用局、电业局、市政工程局、电信局等单位承包地下自来水、电缆、排水、电信等配套工程。本次工程的修建面积达2.2万平方米，有80幢单体设计，是天津市自中华人民共和国成立以来最大的仿古建筑工程。

在施工过程中，采用“新建、拆改、打扮、移置”的技术措施，坚持“不高贵、不华丽、不简陋、古朴、典雅、有深度”的艺术处理标准。对线形街道组群建筑采用“仿清、民间、小式”风格。鉴于古文化街是文化性商业街区，其建筑功能、结构和艺术处理要求和谐统一，既达到美化天津城市、丰富人民文化生活的目的，又要满足商业的特点和需要，力求在楼屋配置和铺面内外装修上实现雅俗共赏、动静结合的效果。

古文化街修建特别注重融入传统文化特色，依照宫南宫北大街自然轮廓，沿街两侧80余家商铺均采用仿古建筑风格，在构造上富于变化，极少重复，店铺下檐设计了近百幅彩绘，各个单体建筑还装饰有精美的砖雕、木雕。街内店铺装修古朴典雅、古色古香。在南北街口各设牌楼一座。街道两旁安装六角宝塔形路灯，与古朴的方砖路面相映成趣。

修建工程的资金来源除了天津市建设银行贷款1 000万元外，其余全靠各单位热情赞助，85家单位资助金额达1 508万元，充分表达了全市人民对修建古文化街、重兴宫南宫北大街繁盛景象的热切期盼。

古文化街修建工程于1985年12月17日完工。为了永志兴修盛事，于天后宫前新建的戏楼通道两侧嵌有双碑，皆以玉石雕刻。一碑详载工程筹划之历程，另一碑则镌刻赞助单位与捐赠数额。

至此，昔日繁荣鼎盛的宫南宫北大街，今朝重焕生机，以其古韵盎然、典雅别致的风貌扮靓了日新月异的现代天津。

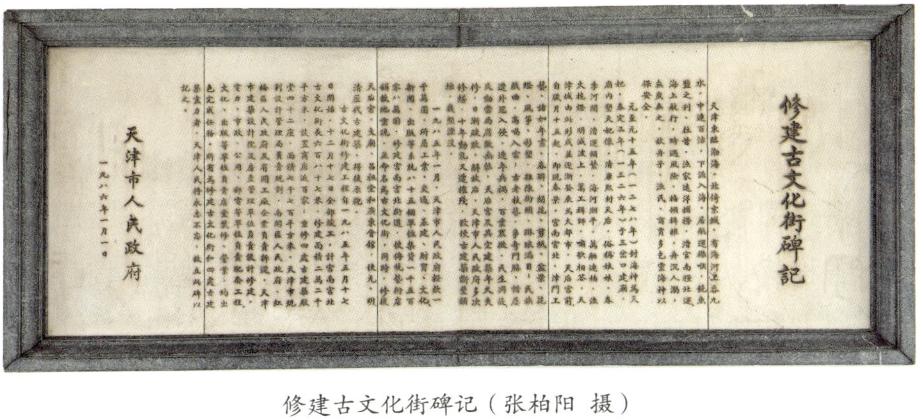

修建古文化街碑记（张柏阳　摄）

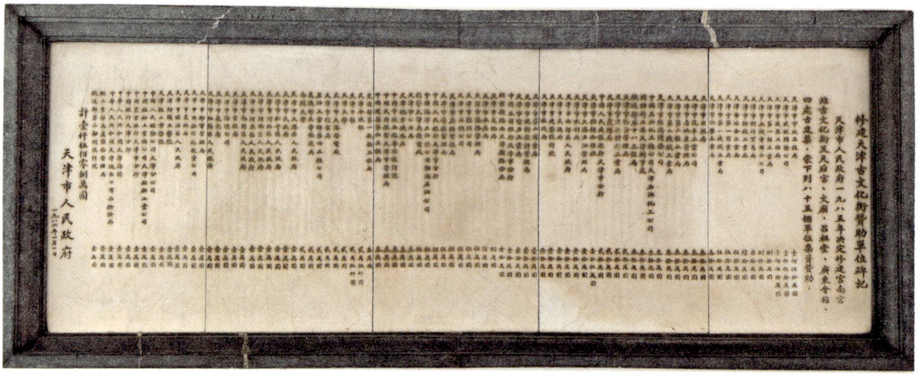

赞助单位碑记（张柏阳 摄）

㊂ 古文化街开街

1986年1月1日，新年伊始，备受瞩目的古文化街迎来了隆重的开街庆典。时任中共天津市委书记倪志福，市委副书记、市长李瑞环等领导出席开街典礼。

典礼盛况

典礼当天，古文化街显得格外喜庆红火。80余家店铺悬灯挂匾，各种货物琳琅满目。天后宫前两根幡杆上的巨幅红幡迎风摆动，幡上赫然写有“三津艺萃百肆迎春”“溟波浴日通运济航”等颇具地方特色的词句，概括了天后宫一带的今昔变化。整个宫南宫北大街披红挂彩，彰显着浓厚的文化底蕴与喜庆氛围。

天津市古文化街开业典礼（南开区档案馆提供）

1986年1月2日《天津日报》报道：

百肆迎春——开街侧记

古文化街开街的第一天就呈现出火爆的销售气氛。各个店铺门前可谓人声鼎沸、摩肩接踵。当日开业的80余家店铺由市文化局、市出版局、一轻局、二轻局、南开区人民政府等方面统筹安排。经营商品主要是具有天津地方特色的四大民间工艺品——杨柳青年画、泥人张彩塑、天津风筝、刻砖，以及牙雕、玉雕、景泰蓝、艺术陶瓷、镶嵌漆器、金银饰品等名优工艺品；碑帖字画、线装古籍、文史书籍、少儿读物、科教用书；中西乐器、音响磁带、照相器材、集邮用品；鞭炮、剪纸、绒绢花、空竹、各种玩具及竹、柳、藤、棕制品等2万余品种。同时还设有天乐园文艺厅及4家不同风味的餐馆。

在杨柳青画店内，人头攒动，不到3小时，就卖出2 500多张年画。著名的老画家溥佐、萧朗、穆仲芹、赵松涛等11人，在二楼为顾客当场作画，为古文化街开业助兴。

泥人张彩塑是我市著名的工艺品。在店铺内，大型组塑“十八罗汉斗大鹏”的展览柜围满了观众。货架上还摆着“八仙过海”“春江花月夜”“宝玉观棋”等大型组塑，题材多样，人物传神。据店铺负责人说，店内设置大量组塑的目的，一是展览，二是销售。

修竹斋内响起阵阵嗡鸣，睽违已久的刘海空竹又成了热门货。这种传统的民间玩具兼具锻炼身体的功效。刘海空竹又是天津特产，远近闻名。仅一下午就售出近千个。

十几家书店，以各自的特色图书吸引着读者的目光。文运堂展出了珍贵的宋、元善本古籍；敬业书刊社出售五四运动以来出版的各种期刊杂志。更令书迷惊喜的是，他们在文林阁以七折的低价买到了新书。

随着夜幕降临，华灯初上，街头依旧热闹非凡。拥有超百年历史的玉丰泰花店，此刻热火朝天，生意兴隆；专营玩具的怡乐阁门前，顾客们排起了长龙；集珍阁内正在举行洛阳仿唐三彩展销会，这些既高雅又亲民的艺术品，在当日下午就售出了逾千件。各家店铺以最饱满的热情迎接来自四面八方的游客，共同庆贺这条古文化街的繁华启幕。（张京平）

天津日报
TIANJIN RIBAO　第13398号

事业年年昌盛　津门又展新颜

古文化街元旦开业

倪志福剪彩　李瑞环讲话

本报讯　新年伊始，全市人民瞩目的古文化街，昨日上午隆重举行开业典礼。中共天津市委书记倪志福，市委副书记、市长李瑞环等领导同志出席了开业典礼。

古朴典雅的古文化街，显得格外喜庆红火。许多家店铺悬灯挂彩，窗明几净，各种货物琳琅满目；售货人员精神抖擞，准备接待第一批顾客。天后宫迎面高高耸立的两棵金顶幡杆上，巨幅红幡迎风摆动。紧闭的天后宫大门，等待着第一批游人叩开。

上午十时，市政府顾问毛昌五宣布：古文化街开业典礼开始。

市委副书记、市长李瑞环讲话。他说：古朴、典雅、清新、秀美的古文化街建成开业了。这是献给全市人民的一份年礼。

他说：古文化街和修葺一新的天后宫、文庙、吕祖堂、广东会馆四处古迹，使天津城市面貌又发生了新的变化。它与去年今日开业的南市食品街，被人们称为“新旧相辅、今古映辉”，标志着我们的事业年年昌盛，经济文化齐发展，物质精神双丰收。

建设、修复古文化街和四处古建筑，是全市人民群策群力、共襄盛举的成果。从计划到拆迁，从设计到施工，从装修到开业，都出现了许多动人事迹，都凝聚着大家的心血和智慧。李瑞环市长代表中共天津市委、市人大常委会、市政府、市政协，向参加

新年津城添新景

昨天，古文化街开业，成千上万的群众前往观赏古文化街丰采。

本报记者　李　军
王志贵摄

《天津日报》关于古文化街开业报道

（南开区图书馆提供）

古街新颜

古文化街开街5日内共有10余万人前往参观游览，营业总额达94万元。最受欢迎的商品主要是图书、工艺品、民间传统玩具、金银首饰及服装等。专营线装古书、碑帖字画的文运堂和今古书社内，书迷络绎不绝。5天内售出各类书籍7 000余册，销售额达1.3万元。一些国家驻华外交官，专程从北京赶来购买古玩玉器。仅外宾购货款额就达3万多元。

截至开街一周年，古文化街共接待游人超过1 000万人次，营业额突破4 000万元，纯利250万元。其中接待了来自20多个国家和地区的外宾和旅游者7 000余人，包括缅甸总理吴貌貌卡、马里议长西迪基·迪亚特等外国政要。1986年8月21日，邓小平同志乘车游览古文化街，他说“古文化街很有特点，对外国人一定有吸引力”。

截至1988年，古文化街累计销售额1.55亿元，创利税1 400万元。接待顾客和游人3 000多万人次，其中包括40多个国家和地区的游客2万多人。金日成、卡达尔、胡萨克等外国领导人曾先后参观了这条街，留下了深刻的印象。

至1990年，古文化街创利税2 500万元，已超过当初建街投资。至1995年，有近百个国家和地区的宾客5万多人到此观光游览，许多外宾称赞古文化街是“天津的一颗璀璨明珠”。开业十载，接待国内外游客累计约9 000万人次，销售额6亿多元。

古文化街建成以来，不仅为天津带来了经济效益，更提升了城市的软实力和文化自信。古文化街已成为独具地方特色的津门一景，在国内外具有较大的影响力和吸引力。

雨中的古文化街（南开区档案馆提供）

四 提升与改造

为了更好地保护和传承文化遗产，天津市人民政府先后采取了一系列措施对古文化街进行修缮和维护。1994年末，因内环线修建拓宽，天津市政府对古文化街北口两侧建筑物进行了局部整修，并对北口附近广场地面进行修复换新，工程总投资82万元。1998年，天津市政府对古文化街的路面和照明设施进行大规模整修。修缮后的古文化街铺上了青色地砖，沿街店铺加装了仿古宫灯，使街面古味儿更浓。

至2000年左右，古文化街房屋损毁问题日益显现，市政配套设施不齐全，已不适应天津经济社会发展要求。2002年12月，天津市政府启动古文化街综合改造，同月对区域内商店、民居进行大规模拆迁。至2004年9月，经过近两年的开发建设，古文化街主街顺利新装纳客。2006年9月，古文化街区域形成了由古文化街、天津古玩城、北方美博城、商业综合楼以及风情水畔等组成的大型旅游商贸区。

提升方案

为了使古文化街综合改造项目经得起历史的考验，天津市房产总公司面向境内外设计团队征集方案，从文化底蕴、民俗文化、建筑风格、文物保护等方面反复研讨论证，确定了继承和发扬古文化街历史上“华洋杂处，南北交融”的传统文化的设计方案，以“吉水祥云，潜龙出世”为主题，采用虚实结合的手法，从中国古典建筑提炼出空间造型，层层叠叠的现代屋顶宛若一片片祥云，烘托出古文化街这条“潜龙”。

在整体设计中，整个项目坚持“业态分布合理、建筑布局优化、文化挖掘全面、使用功能便捷”“整修、打扮、移植、保护”等要求，保持原有建筑的风貌特征和道路的线条走向，道路全长依然保持在687米，主街原本的宽度与肌理未变，保留南北两端牌楼，总建筑面积控制在2.2万平方米以内。东侧新建一个充满文化氛围的小城，沿河布局餐饮与娱乐场所；西侧构建了一个古玩城，东马路则被打造成现代商业区，建成占地面积共18万平方米的古文化街旅游商贸区。整个商贸区凸显了民俗文化、旅游商贸与购物休闲的三大特色，成为海河沿岸的经济带、文化带和景观带。

动迁成功

2002年10月，天津市委、市政府提出了“将海河打造成世界名河”的构想，同年12月4日，天津市房产总公司承担了投资开发建设任务，投资20余亿元对古文化街及周边地区开发重建。拆迁区域内绝大部分破旧危陋平房，涉及5 000余户居民，数百家商店、学校。

经过精心准备和科学安排，拆迁工作分两期进行，先易后

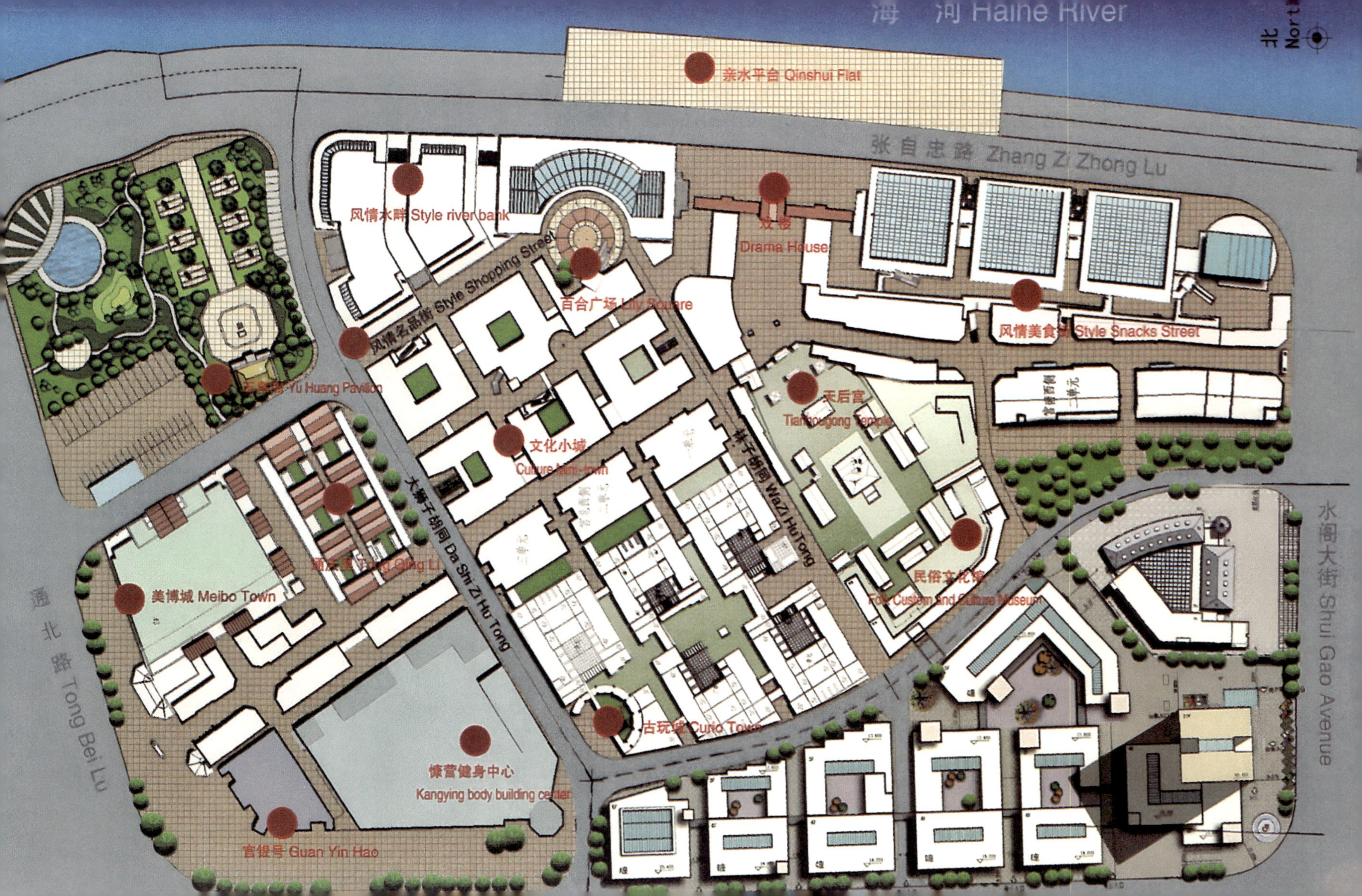

海 河 Haine River
北 North
亲水平台 Qinshui Flat
张自忠路 Zhang Zi Zhong Lu
风情水畔 Style river bank
戏楼
Drama House
风情名品街 Style Shopping Street
百合广场 Lily Square
风情美食街 Style Snacks Street
Yu Huang Pavilion
文化小城
Culture Mini-town
天后宫
Tianhougong Temple
大狮子胡同 Da Shi Zi Hu Tong
袜子胡同 WaZi HuTong
民俗文化馆
Folk Custom and Culture Museum
美博城 Meibo Town
通北路 Tong Bei Lu
古玩城 Curio Town
水阁大街 Shui Gao Avenue
慷营健身中心
Kangying body building center
官银号 Guan Yin Hao

◀古文化街旅游商贸区规划图（摘自《天津古文化街改造纪实》）

难、先东后西、先外后内、重点突破。2002年12月至2003年10月，两期拆迁工作全部完成，整个古文化街旅游区改造整修拉开了帷幕。

改造建设

2003年初，古文化街进行了全面的整修改造。保留原宫南宫北大街（古文化街）的建筑和道路，主街不建高楼，街区走向不变。建筑格局、立面外形、细部节点等仍按照明清建筑则例进行设计，实施抢救式修缮，增加服务功能设施，满足游客需求。

为了避免空调室外挂机影响仿古建筑美观，街区在施工过程中引入了地源热泵与冰蓄冷系统，实现了区域内建筑的统一制冷与供暖，确保了建筑外观的统一与整洁。

通过完善配套功能，规划区域路网系统，整体改造工作顺利完成。街区出入口从原来的2个增加到9个，并增设了多条防火通道；将原戏楼两侧封闭的商铺改建成通透式游廊，以疏散戏楼广场的游客；新建地上环保停车场、地下智能停车场，缓解周边“停车难”问题；新建卫生间8座，建设了游客服务中心，完善了消防设施，新增电子巡更、自动报警系统，提高抗震防火等级；加装景观照明，突出海河夜景，达到见光不见灯的效果。

古文化街改造升级（傅桂钢 摄）

保护古迹

在古文化街的改造升级过程中，专家组坚持对原有建筑风貌加以保护，抢救性发掘了街区内的历史遗迹，抢救保护通庆里和玉皇阁就是其中的范例。

抢救通庆里　整修改造前的通庆里破旧不堪，居住着72户人家、237名居民，每个院落都堆满了杂物，居住拥挤，没有上下水，更没有集中供暖设施，“一户生火，全院生烟”，生活条件十分简陋。

按照原规划，通庆里本在拆除范围之内。但专家组从保护历史风貌建筑的角度，提出抢救保护通庆里的意见。修缮工程从2003年3月开工，至同年9月28日告竣。充分利用旧砖，采用钢筋网对墙体进行加固，屋顶也恢复了传统样式，增设了独立的电力照明、上下水，统一供暖和制冷，使百年老建筑恢复了原有的面貌，可以说通庆里是“硬抢”出的一件“文物”。

改造后的通庆里（张柏阳 摄）

保护玉皇阁 在规划古文化街的前期调研中，专家组于玉皇阁小学内发现一个院落。打开院门，专家组被院落内的大殿和高高挑起的飞檐所震撼。经过了解得知，这里是一个校办工厂的仓库，四周被破旧的民房遮挡。大殿年久失修，木质结构损坏严重。后经考证，确认此玉皇阁始建于明洪武元年（1368），距今已有600余年历史。

在充分考量其历史价值后，专家组决定将其恢复保护下来。为此，仅对周边建筑拆迁费用一项就投入1 000余万元。2004年2月，开始对玉皇阁按照“修旧如旧”的原则进行保护性修缮。

修缮过程中，对原在二楼的玉皇大帝铜像进行了修复，并请

修缮中的玉皇阁（南开区档案馆提供）

至一楼供奉，同时保留了玉皇阁前广场。在整修中，发现了四条“千秋带”，记载了玉皇阁从明宣德二年（1427）至清光绪十六年间（1890）四次重建的具体时间，为考证玉皇阁重建和修缮提供了翔实依据。

修缮工程采用的是传统工艺和技法。利用老木料、老砖、老瓦，将14根糟朽的外檐柱进行了更换；加固、更换翼角、角梁及部分椽望；屋顶全部揭瓦；地面、楼面全部重做；修复原有门窗、楼梯；按原样恢复油漆彩绘，使用老材料的比率达70%以上。该工程于2004年8月底竣工，修缮后的玉皇阁以崭新的面貌成为天津文化旅游的又一道景观。

古街拓新

按照整体提升方案，文化小城和古玩城兴建全面启动。文化小城位于古文化街的东北侧，采用中西结合院落式商业布局的设计形式，立面简洁明快，适度点缀古典建筑符号。文化小城由六个相对独立的院落组成，这六个院落分别以中国传统的“五行”和银杏广场命名，主要经营文房四宝、名人字画、古籍善本、古旧钱币、石料玉器等。

金院，中心设立一座立方体金属雕塑，雕塑上镶嵌若干金球，远看好似一个金色的骰子，寓意“金玉满堂、店家发财”；木院，种有近600年树龄的“夫妻紫薇树”，寓意“木润春华、诚信经商”；水院，有一口水井和一个辘轳，游人可参与取水，打出的水又回到原井里，寓意“水秀蕴财、再创辉煌”；火院，建有一个火红色的金属火凤凰雕塑，传说凤凰浴火将会重生，涅槃的凤凰可永生不死，寓意“火树银花、家家和祥”；土院，设有陶制雕塑，既富有现代感，又表达出泥土的厚重感，中间罗盘式的容器盛装着从全国各地收集来的土，是为万土归一，寓意“土聚宝藏、吉地发光”。五句诗连贯起来就是：

金玉满堂店家旺
木润春华诚经商
水秀蕴财筑辉煌
火树银花家和祥
土聚宝藏地发光

银杏广场有两棵300余年树龄的雌雄银杏树，在开发建设的过程中被保留下来，寓意“百年好合，白头到老”。另外在小城的中心地带，还安装了中国古代的计时仪器——日晷，该景观直径达6米，距地面高度20.3米。日晷上标有天干地支等我国传统的记载日期、时间的文字和符号，传达着中国远古科技和历史文化气息，给人以历史、时光、文化的遐想。

古玩城位于古文化街的西侧，于2005年9月正式开业，总建筑面积3.05万平方米，是当时华北地区建筑面积最大、功能设施最完备的古玩专业市场。区域内既有高档店铺，又有临时地摊。铺面和地摊经营的古玩杂项品种非常齐全，从古旧家具到文房

火树银花

金玉满堂

木润春华

水秀蕴财

土聚宝藏

古文化街文化小城雕塑（摘自《天津古文化街改造纪实》）

四宝，从名人字画到石料印章，从古钟陶器到古币杂项，应有尽有。

古玩城总体布局和效果仿古而不拘泥于古，在仿古的外檐效果中增加了现代元素。该区域以我国历史汉、唐、宋、元、明、清六个朝代的顺序，为相对独立的建筑街区进行了命名，分别为：古玉汉风、三彩唐韵、丹青宋雅、珠宝元珍、钧瓷明贵、珐琅清馨。街名与建筑相得益彰，形成了和谐有序的整体，为其增加了无穷的文化内涵。

建筑群的北面主入口建有两排（每排8根）高达16米的云水柱。云水柱每两根并列排放，与古玩城共同形成外开式圆形，寓意古玩城将以开放的姿态迎接中外游客。建筑群的内部造型基本为“凹”形立面，扩大了建筑的临街面。在每个独立建筑的“院落”内部，建有钢结构玻璃顶棚，形成了半室外环境，方便地摊古玩交易的同时，也使建筑空间层次更加丰富。外檐装饰材料主要采用灰色墙砖，与古文化街建筑相映成趣。

2004年9月28日，古文化街新装纳客。主街建筑面积1.3万平方米，建有商铺121间，基本保留原有道路、原有建筑风貌和基本格局。与古文化街同步建成的有文化小城、百年民居通庆里、玉皇阁广场、天后宫广场和海河文化广场。

2006年9月，古文化街由传统民俗文化商业街一跃建设成为扩大了近10倍的集民俗文化、旅游购物、金融商贸、餐饮娱乐、健身休闲于一体的大型旅游商贸区。

古文化街古玩城外景（王焱 摄）

古文化街开街仪式（南开区档案馆提供）

五 古文化街新篇章

2017年8月，古文化街全部资产及管理职能一并由天津市国土房管局整体划转至南开区，南开区古文化街管委会对街区未来发展进行了总体规划，实施改造和再提升，分别于2017年实现“美其表”、2018年实现“美其里”、2019年至2020年实现“美其故事”的近、中、远三个阶段。美其表，古文化街集中开展拆除违章建筑和清脏治乱工作，成效明显。美其里，引进优质品牌企业，提升店铺质量水平，在业态升级改造中发挥引领作用。美其故事，深入挖掘古文化街潜在文化和故事，提升品牌价值，打造天津特色。

古文化街夜景（南开区融媒体中心提供）

戏楼京剧表演（王英浩 摄）

宫前广场表演（南开区融媒体中心提供）

近年来，古文化街管委会对天后宫、玉皇阁等文保单位进行保护性修缮，街容街景、环境卫生、综合设施进一步得到提升。

为着力扩展活动思路，深挖老城特色资源，创响“老城津韵”品牌。古文化街新引进“戴春林”“祥德斋”等非遗老字号，推动达仁堂、杨柳青年画、泥人张等非遗老字号店铺更新升级；建设中华优秀传统文化传承基地，举办了首届天津古文化街民俗文化旅游节；聚集旅游元素，改善游览体验，吸引更多年轻游客；开通直播云游，利用多媒体讲好天津故事，古文化街的系列宣传活动连续被央视报道。

新时代的天津古文化街，如同时间的容器，沉淀着传统特色和韵味，融入了现代的活力与创意，更以其独特的魅力，成为连接过去与未来的桥梁，让人们在保护中感受到发展的力量，在发展中品味到保护的珍贵。

第三章 古街建筑韵味浓

建筑是人类生生不息的文明印迹，是人类文明不可分割的组成部分。在天津古文化街这个历史文化街区，建筑空间格局以天后宫为核心，以宫南大街、宫北大街为轴，同袜子胡同、大狮子胡同等东西向街巷构成鱼骨状空间格局。街内古建筑天后宫、玉皇阁，一砖一瓦都承载着深厚的历史与文化，一梁一柱都述说着匠人的智慧与匠心，历经沧桑，历久弥新，在传承和发展中华优秀传统文化、增强文化自信中发挥着无可替代的作用。街内建筑，无论是具有浓厚天津特色的古代建筑、仿古建筑，抑或胡同里巷，既是外地游客眼中的景点，也是天津人寄托乡愁和追寻地域文化的有机载体，是城市识别的一张文化“身份证”。

大抬头

一 景观建筑

文化是城市的灵魂，保护好历史文化街区的景观建筑，就是保存了一座城市的文化基因和血脉。古文化街建筑历史悠久，具有鲜明的中国气派和天津特色。天后宫、玉皇阁、牌楼、主街商铺等景观建筑既是古文化街的主体建筑，也是天津建筑历史演化的实物见证，宛如立体隽永的“城市历史教科书”，让人流连，令人沉思。

天后宫——我国现存年代最早的妈祖庙宇之一

天后宫虽经历代重修，但古建筑多为木质结构，容易损坏，需要经常通过修缮加以保护。除对山门、正殿、张仙阁、藏经阁、启圣祠、钟楼、鼓楼和幡杆等现存建筑进行修复外，还需对已被拆毁的牌楼和前殿进行复原重建。山门对面的戏楼，则根据广场集会的需要，易地重建仿古建筑。

山门 砖木混合结构，九脊歇山青瓦顶。面阔6.3米，进深3.04米。下部砌筑砖拱券，前、后各设券门，宽2.5米，高3.2米。内拱券高4.16米，宽3.5米，深1.6米。门额以整砖镌刻“敕建天后宫”5个字。清乾隆十四年重建。

牌楼 木结构二柱一楼式，斗拱下边为“海门慈筏”大字横额，背额为“百谷朝宗”。牌楼是元、明时期天妃宫前的标志。

天后宫（武延增 摄）

天后宫山门（南开区融媒体中心提供）

天后宫牌楼（李闻博 摄）

清康熙十三年重修，1966年被拆毁，1985年于原址重建。

前殿　天后宫最早的山门，为过堂殿。面阔3间11.28米，进深2间6.95米。前、后设砖券门，宽2.16米，高3.14米。前后檐柱10根，殿内不设中柱。歇山青瓦顶，通高8.8米。前檐正中门额“三津福主”，殿内泥塑像5尊，中间为“王灵官”，两侧为“千里眼”“顺风耳”“嘉恶”“嘉善”。

正殿　天后宫主体建筑，建在宽19.45米、进深25.67米、高1米的台基上，前部正中设踏步5级。正殿建筑平面呈“凸”字形，由3座建筑勾连搭组成，建筑通进深19.5米。其中，中部为主体，面阔3间13.6米，进深3间9.9米，七檩单檐庑殿顶。前接卷

天后宫前殿（李闻博 摄）

天后宫正殿（李闻博 摄）

棚抱厦，面阔3间，进深1间，青瓦悬山顶。后檐面阔1间5米，进深1间。正殿有木柱18根。1985年大修时，曾在正殿的天花板背面发现数块墨书题记“千秋带”，证实天后宫现有的正殿，不仅是天津市区最古老的建筑实例，也是我国现存年代最早的妈祖庙宇之一。

藏经阁　砖木结构楼阁，面阔5间，上下两层，青瓦硬山顶。1923年改建，阁内存《重建天后宫后楼碑记》壁碑两块，分别镶嵌在下层南北山墙上，碑文刻绅商善士襄赞名录。

启圣祠（后殿）　祭祀天后父母的3开间小殿。1985年修葺时，在山墙内侧发现壁画，题材是道教的“四值功曹”。

钟楼、鼓楼　分列山门里南北两侧，为砖木结构二层小楼，青瓦歇山顶，清末重修。

张仙阁　为天后宫山门以外、宫北大街南端的过街楼阁，阁内供奉的主像是张仙爷，相传他能驱妖逐邪。楼底至街面高6.19米，阁平面长方形，东西宽7.74米，南北进深8.9米，由南北向的两组箭镞勾连搭构成。主建筑进深4.56米，七檩硬山顶，前接卷棚抱厦，高6.9米。南北两面均置槅扇门窗，可眺望宫南宫北街景。

幡杆　天后宫前面的两根大幡杆，由船上桅杆演变而来，是天后宫标志。两根幡杆都用整块木料做成。南面杆高26.2米，北面杆高25.94米（原本等高，系上部折断后，锯下一截拼接）。每逢初一、十五和庙会期间，用吊斗滑车将旗幡悬于空中，夜间则换上大红灯笼，颇为壮观。

幡杆（天津妈祖文化促进会提供）

戏楼　坐落于天后宫对面，相传建于清乾隆年间，当时主要是天津百姓为答谢天后娘娘而专门设立的演戏酬神的场所。宫前街原来的过街戏楼早已破损不堪，拆除殆尽。1985年新建的戏楼，高12米，宽10米，进深11.5米，分为上下两层，上层是戏台。木结构楼台式建筑，绿色琉璃歇山顶，主脊呈丁字形相接，三面山花，七面坡顶，碧瓦飞檐，朱梁画栋。下层有3.3米宽的石拱券洞门，连通海河西岸与宫南宫北大街。

戏楼（李闻博 摄）

戏楼于2004年翻新修缮。戏楼内梁枋彩绘，金碧辉煌；井口天花，满绘金龙。戏台正中高悬金字巨匾“乐奏钧天”，有普天同庆、太平盛世之意，表达了人们期盼风调雨顺、生活幸福的心愿。戏楼每到节假日有戏剧演出，戏楼西侧的宫前广场，可供游人休闲和观赏戏曲演出。

在戏楼的南北两侧建有总长25米、宽3.3米的苏式园林风格游廊，中间配有垂花罩，轻盈通透，古香古色；廊柱坐凳，错落相连，既方便游人驻足观赏两面的风景，更使得建筑与景观自然相连，形成了戏楼周边一道独特的风景。

玉皇阁——天津市区现存最早的木结构楼阁

玉皇阁位于古文化街东北部，坐西朝东、面向海河，是天津市历史风貌建筑、天津市文物保护单位。原是古代天津规模较大的道教建筑群，因战争和年久失修，除主体建筑清虚阁外，其他建筑于1956年拆除，建筑群不复存在。

玉皇阁建在宽19.6米、进深15.16米、高1.35米的砖石台基上。楼阁分为上下两层，第一层明间前檐设踏步6级，两侧置垂带石，底层面阔5间15.9米，进深4间11.46米；第二层面阔3间11.5米，进深2间7.06米，周围回廊环抱，廊进深1.1米，可登临凭栏远眺。阁顶为九脊歇山顶，檐头和脊兽为绿琉璃瓦，中心为

修缮后的玉皇阁（李闻博 摄）

黄琉璃瓦，称为“剪边”做法。正脊中央置两层琉璃小阁楼，骑跨在扣脊瓦上，这种式样在外地古建筑中少见。梁架结构尚具明代风格，是天津市区仅存的年代最早的木结构高层古代楼阁。由于玉皇阁地势开阔，登高环顾，周围景致尽收眼底，是古代重阳登高的理想之地。

南北牌楼——古街文化特质的高度浓缩

古文化街主街南北两端入口处各有一座牌楼，翠顶朱楹，选用清代“烟琢墨石撵玉”旋子大点金彩绘形式，是景区导向型建筑。据《天津日报》报道，“津门故里”“沽上艺苑”这两座牌楼的名称，出于文史专家杨大辛的构思，经市领导同意认可而确定，牌楼题字均系从明清两代著名书法家的名帖中集字而成，集中反映了天津古文化街的精神特质。

“津门故里”“沽上艺苑”
古文化街牌楼戏楼匾额字选定

本报讯　古文化街上两座牌楼的匾额和宫前过街戏楼的匾额、楹联的文字已经确定。

宫南大街南口的牌楼匾额，南面书写“津门故里”，北面书写“晴雪”；宫北大街北口的牌楼匾额，北面书写“沽上艺苑”，南面书写“金鳌”；宫前街过街戏楼上匾额，横书“乐奏钧天”，两侧大柱上楹联，上联“望海阔天空千帆迎晓日”，下联“喜风轻云淡百戏祝丰年”。这些匾额上的字全部从明清两代著名书法家的名帖中集字而成。（张京平）

《天津日报》1985年11月29日第一版

南口牌楼 自南口步入古街，矗立一座高大雄伟的牌楼，上书“津门故里”四个大字，蓝底金字，周围镶嵌有贴金彩绘。天津古文化街是天津人文的发祥地，被誉为“津门故里”，这条古街好似一颗文化遗珠，经过历史长河的洗礼，向后人讲述着天津悠久的过往。牌楼背书“晴雪”，取材于明代大学士李东阳《直沽八景》中的诗句“海门晴雪浸金鳌，百道沽来涌暗涛”。“晴雪”是刚刚下完雪后的景色，描绘了雪后初晴街上游人如织的景象。

北口牌楼 北端入口处的牌楼，上书“沽上艺苑”四个大字。九河下梢、合流入海的地理特征，孕育了天津独具特色的“河”“海”兼备的文化特质。天津古文化街浓缩了天津的历史与民俗，在漫长的岁月中孕育了城市文化脉络中的璀璨瑰宝。天津的民间文化是中国文化苑中的一朵奇葩，天津近代是曲艺之

南口牌楼（李闻博　摄）

北口牌楼（李易平　摄）

乡，因此称为“沽上艺苑”。牌楼背书“金鳌”。“金”取贵重之意，鲤鱼跃过龙门之后称为“鳌”，是龙的化身。比喻当年小小的直沽寨，经历了鱼跃龙门的蜕变，化身如“金鳌”一般大气的存在。

主街建筑——天津最大的仿古建筑群

宫南宫北大街原来就有一些建筑是清代遗存。1985年建设古文化街时，恢复重建了1—2层的仿清民间砖木结构建筑，是目前天津市最大的一处仿古建筑群。

当时设计人员跑遍天津老城，查看祠堂、庙宇和民居四合院，终于从几十所经过多年拆改的旧建筑中，发现了不少清代到民国建筑的精华，最典型的是南运河畔红桥区饮食公司曾经办公的地方，此处原是始建于清乾隆五十年（1785）专卖粮食量具的“万春斗店”，当时还有北房十间，青灰磨砖墙面，单檐歇山屋顶，前廊、红柱、绿椽、砖雕、木刻、格窗、花饰全部完好无损。施工人员便把“万春斗店”的建筑整体迁到古文化街主街北口东侧。此外，天津老城仓敖街曾有一个大四合院，套着七个小院，不仅建筑形式有可模仿之处，更可贵的是，还较完整地保留下来大量花梨木门窗和100多件精致砖雕。砖上所刻的亭台楼阁、山水人物、花鸟走兽实属少见，这处四合院的一些细节，也移到了古文化街上。

古建筑砌砖叫作“清水”，要“磨砖对缝”。砖要先用砂盘磨平，上下两块砖再对磨几下，两砖相对，中缝只有一毫米左右才算合乎标准。一人砌墙，需要十来个人磨砖才供得上干活。建古文化街共用磨砖150万块，以及大量木雕和砖雕，沿街两侧是高低错落的仿清式民间小式古建筑，一砖一瓦，古香古色，皆是岁月积淀。

二 民居胡同

天津古文化街中民居和胡同众多，既有历史遗迹，又有现存建筑，这些民居胡同凭借着深厚的历史底蕴和独特的文化体验将过去与现在连接起来，隐藏着历史文化故事，唤醒了人们对地域文化的认同感、归属感，同时吸引着来自四面八方不同年龄层次的游客。

通庆里——天津院落式里弄住宅代表作

通庆里坐落于天津古文化街北端东侧，毗邻玉皇阁，始建于1913年，是天津市重点保护等级历史风貌建筑。据天津市风貌办公室编写的《古文化街遗韵——天后宫·玉皇阁·通庆里》一书记载，通庆里“占地面积约1 800平方米，建筑面积1 700平方米，由6个相对独立的院落组合而成，进而形成长605米、宽3.2

通庆里（刘芮 摄）

米的里巷”。通庆里巷口顶端镶有“蝴蝶”状的镂空木雕，寓意“通达吉庆”，“通庆里”也因此得名。

通庆里的建筑蕴藏着较强的津味儿，并在徽式建筑风格的基础上融入了西洋建筑的特点，主要体现在二层的外廊和飞檐，以及每个院落的楼梯和阳台的围栏上，可谓南北交融、中西合璧，既是天津院落式里弄格局的范本，也是天津近代折中主义建筑风格的代表作。通庆里早期曾作为银号等商用，采用“前房经营、后房居住”的形式，后随着商业中心转移，逐渐成为居民住房。2004年改造时，根据“恢复功能、修旧如旧”的原则将其保留，恢复了其建筑特色及商用功能，同时也提升了景观效果。

大狮子胡同与严复

大狮子胡同东起海河边的张自忠路，西至东马路，中与南侧崇仁宫大街相交，胡同长156米，宽5.6米。清道光十二年（1832）后，逐步建房形成胡同，因胡同西端有一对石狮而得名。宫北大狮子胡同周边铺户云集、人员密集，终日纷攘喧嚣。

2003年，天津市房产总公司对古文化街进行规划建设时，在宫北大街一段与大狮子胡同交口处，新建了天演广场和严复铜像，铜像高1.9米。墙上挂刻两块石牌，一为严复生平简介，一为反映严复主张的名言“物竞天择，适者生存”，以纪念这位中国近代的思想先驱，同时提升古文化街的历史和文化品位。

严复（1854—1921），中国近代思想家、教育家、翻译家，福建侯官县人。福州船政学堂第一届毕业生，清光绪五年（1879年）毕业于英国格林威治皇家海军学院，回国后被聘为福州船政学堂教习。次年，到天津协助李鸿章创办北洋水师学堂并任总教习，光绪十六年（1890）升任北洋水师学堂总办。1894年中日甲午战争后，发表《论世变之亟》《原强》《辟韩》《救亡决论》

等文章，反对顽固保守、主张维新变法。严复译自英国作家赫胥黎所著的《进化论与伦理学》一书的前两章，中文名为《天演论》。该书于清光绪二十二年（1896）译成，1898年正式出版，正值甲午海战战败之际，以“物竞天择，适者生存”的论点，号召人们救亡图存，“与天争胜”，对当时的思想界有很大影响，令人耳目一新，很快就引起轰动，成为当时最畅销的书籍。

严复在北洋水师学堂任教期间，先后将母、妻、长子由福州

严复铜像（古文化街管委会提供）

接到天津共同生活。1900年八国联军攻陷天津之际，北洋水师学堂遭到破坏，并被侵占，严复携全家迁居上海。严复在天津居住20年，如其诗中所言“饜饮津沽水，燕居二十春”，此后又多次来津，1901年任职于开平矿务局，自称“吾系卅年老天津”。

严复这20年间在津住处，一直是大家关注的话题。据严复同族后人严孝潜编著的《严复在天津》一书记述，“严复在1894写给陈宝琛的信中提到：‘如有赐复径寄津水师学堂或津卫大狮胡同大甡字号后严公馆当不失也。’表明他当时已经搬到天津卫的大狮胡同居住，但天津有好几个狮子胡同，他一直没有具体说明是住在什么地方的大狮胡同和门牌号”。

主流观点认为，严复曾居住在天津宫北大狮子胡同。贾长华主编的《严复与天津》一书中有文章记载：“1992年6月4日，笔者（张绍祖）在天津文史研究馆向地方史专家王翁如先生请教严复在天津故居，老人十分肯定地讲，严复故居在东门外宫北大街大狮子胡同。其门口有狮子。”《今晚报》2003年8月27日刊发消息“严复在天津故居遗址昨日被初步确认，即在本市南开区古文化街大狮子胡同1号”。

有的学者则认为“大甡号”是民信局的字号，但因历史资料较少，目前研究尚未取得实质进展。另有观点认为，严复写给陈宝琛信中注明的“大甡字号严公馆”，实为浙江定海籍商人严蕉铭的住宅，是严复信件代收人地址。

宫北杨家大院——曾经的天津最大合院式建筑群

杨家祖籍陕西西安，明代迁居浙江杭州，任世袭指挥。以后北上天津经商，最初开设银匠作坊，因制品精美行销有名，积累渐丰，再扩大成为有名的长源号银楼，进而开设长源号钱庄，被称为“长源杨家”。清乾隆、嘉庆年间，杨家经营盐业，开设“杨成源”盐店，运销河北省武安、涉县、邯郸及磁县等地官盐专卖，清咸丰、同治时成为巨富，为当时天津“八大家”之一。杨家聚敛致富后，把财力投向典当业，在天津及外地开设当铺30余号，成为典当世家。此外，杨家还开设有粮栈、木行等商号，占有几十个庄园和大片房地产。第三代杨春农（俊元）曾捐资兴办天津私立第一小学并任校董。清光绪二十六年，第四代杨少农（宝恒）曾任天津芦纲公所纲总，在当时颇有声望。

杨家原住天津城西，清代中期购买宫北一处宅院为“杨成源”津店及住宅。经逐步扩张，杨家大院占地面积6 430平方米，共有4排30余院落、209间房屋，建筑面积4 100平方米，大多按清式布局风格营造，曾是天津最大的合院式建筑群，院落之间有箭道相连。除住房外，还有门房、轿房、账房、客房、书房、家馆、学馆、宗祠楼、经房、鸳鸯厅、油工木工房、库房、侍女院、花厅、画室等，极尽奢华，当年成为一时之盛。

杨家自始聚族而居，年代既久，人口甚多，杨家后代在宫北杨家大院共居住七代。1900年，八国联军攻陷天津，杨家当铺大部分被抢，损失极大。1912年，袁世凯不肯南下就职民国临时大总统，制造了“壬子兵变”，时间虽短，但波及天津，杨家当铺再一次被洗劫，从此元气大伤。国民政府时期货币贬值，当铺亏损严重，加之盐业专卖撤销，杨氏家业从此没落。随着社会和家族的变迁，杨家后代渐渐从这个大宅院里迁出，但还有部分后人一直居住于此。杨家大院年久失修，后外姓迁入，变为大杂院，有居民100多户，人口300多，私搭乱盖，已面目全非。1995年，修建天津内环线扩宽老铁桥大街，部分房屋拆除改为马路。2003年，古文化街提升改造，对遗留建筑全部拆除。

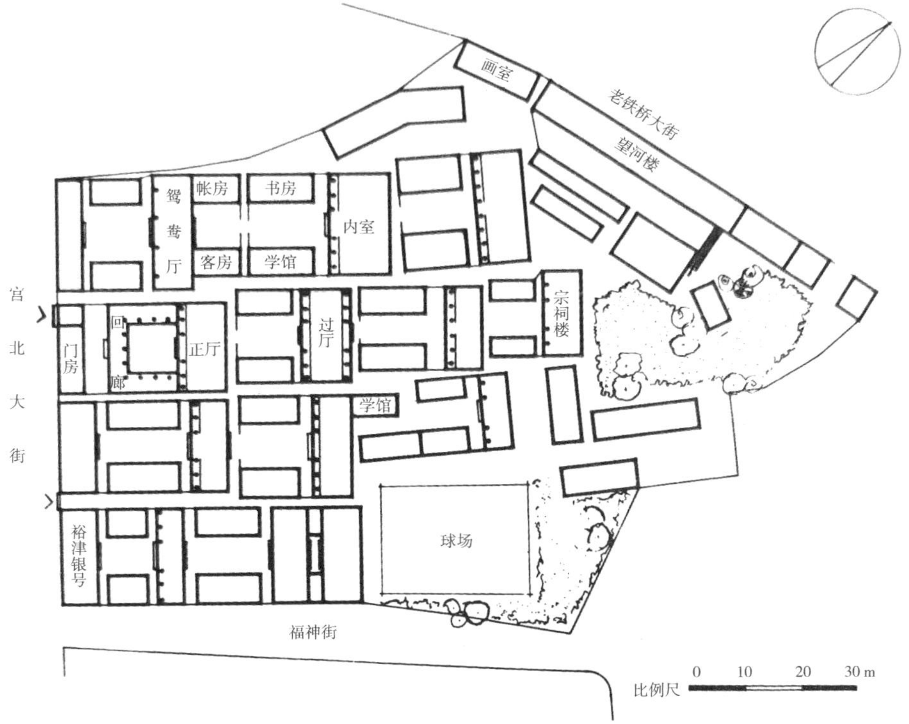

杨家大院平面图（古文化街管委会提供）

三 建筑艺术

中国古建筑以精湛的技术、特有的艺术形式和美学追求，展示了中国工匠独特的审美眼光，是中华民族传统文化中的瑰宝。天津古文化街的古建筑和仿古建筑，不仅建筑结构合理、造型美观、尺寸得当，而且其中的砖雕、木雕和彩绘常被游人称绝。这些古建筑艺术精美绝伦、多姿多彩，蕴藏着独具一格的美学韵味，向世人展示了古街深厚的文化底蕴。

砖雕艺术构图精美

砖雕艺术作为建筑艺术的一个主要门类，已经流传几千年了。镶嵌在建筑中的砖雕，不仅反映了当时的政治、经济、文化背景，而且能反映出建筑主人的文化品位、社会地位甚至宗教

鲜花图样砖雕

花鸟走兽砖雕

信仰。清乾隆、嘉庆年间，天津砖雕被称为“刻花活儿”。清道光年间，天津砖雕发展为独立的行业，形成闻名于世的“天津刻砖”。1985年修建古文化街时，便移植了天津市内原有仿清民居小式建筑上的砖雕艺术，模仿清式建筑风格，装点沿街门面，使文化街充满古风和独特的天津味。

天津古文化街主街外檐墙面上的砖雕，运用天津传统砖雕工艺，精雕细刻，蕴含了特有的古建味道。最常见的是店铺门面窗下海棠池的刻砖，构图精巧紧凑，题材内容广泛，多数带有浓厚的民俗气俗和吉祥喜庆寓意，如富贵花（即牡丹）、喜鹊登梅、鹤鹿同春、荷花金鱼等群众喜闻乐见的传统题材，刻件图案精美，造型生动，极尽华美。

戏楼游廊两侧砖雕作品　2003年新建古文化街旅游商贸区时，在戏楼游廊内侧雕刻了两幅大型砖雕作品。游廊南侧，根据明代古典小说《封神演义》中“哪吒闹海”的故事进行雕刻。游廊北侧，则根据民间故事，制作“麻姑献寿”砖雕。

“哪吒闹海”砖雕

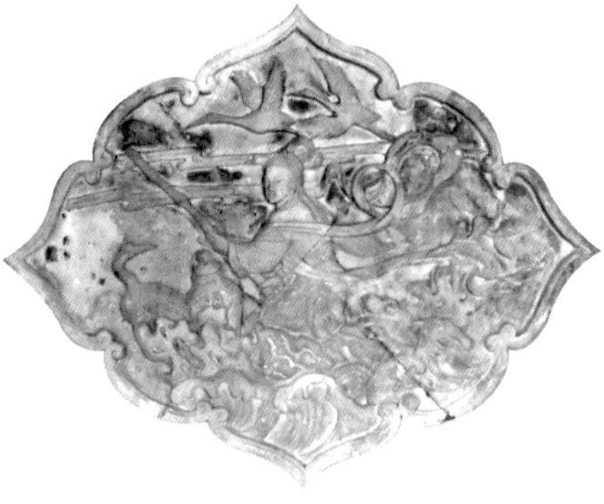

“麻姑献寿”砖雕

木雕艺术匠心独运

木雕件多用在门窗、栏杆、挂落等处，有浮雕、透雕等多种形式，题材丰富，如四季花草、万寿字等。仿古建筑的门窗槅扇上，多姿多彩的图案竞相绽放，有冰花纹、拐子纹、锦地纹、工字纹、回字纹等，展现出一种独特的朴实之美。

冰裂纹窗棂

回纹格窗棂

《清明上河图》木制浮雕 古文化街街北西侧，有近10米的木制浮雕的挂落一幅。该浮雕内容源自北宋著名宫廷画家张择端绘制的纪实风俗画《清明上河图》，形象地刻画了北宋末年东京汴梁（今河南开封市）清明节时从郊外到城市街内的繁华热闹景象，反映了当时的市井民俗。该木制浮雕雕刻细腻，人物表情生动、栩栩如生，是集艺术性、知识性、趣味性于一体的精品。

浮雕用三块整木料刻制，作品大体按照原画结构进行分割。第一幅描绘的是当年京都汴梁郊外的农村风光。第二幅以当年汴

《清明上河图》木制浮雕（局部）（李闻博 摄）

梁城内的虹桥为中心，描绘了汴河及其两岸的繁华景象，构成都会生活的洪流，是《清明上河图》画卷的高潮部分。第三幅以当年汴梁城门内外街道为主线，刻画了街道纵横交错、店铺鳞次栉比、街面人头攒动的情景。

三幅木制浮雕从八九百年前绘画神品中选取精华，运用浮雕的艺术特点，展现了精湛的雕刻技艺，是一件别有意趣的外檐艺术装饰，将古文化街点缀得更加古朴秀雅。

彩绘艺术色彩绚丽

彩绘在我国已有2 000余年的历史，最早出现在春秋战国时代。宋代以来，彩绘技术迅速发展，技法精益求精，艺术风格趋于飘逸秀丽，色彩运用自由灵活、变幻无穷，色泽艳丽，是我国特有的一种建筑装饰艺术。

在1985年和2004年对古文化街两次整修时，先后对天后宫建筑群、主街每一店铺上方的梁枋之间进行彩绘装点，使彩绘成为古街的特色。

天后宫正殿彩绘 1985年古文化街修建时，曾对天后宫正殿落架大修，工程技术人员在天花板背面发现“万历三十年六月二十五日重建”等七块墨书题记，并在天花板和额枋上寻找到明代彩绘的痕迹。工程技术人员仔细观察天花板时发现，木板正面表层布满黑灰色烟尘，底色要比常规厚得多。油工师傅采用酒精擦抹、湿毛巾捂和小竹刀刮剥等办法，细心地剥出四层彩绘遗迹。根据天花板背面的墨书题记和有关资料分析，最里层“双鹤领云”图案应为明万历三十年（1602）重修时彩绘；其外层坐龙图案为清乾隆四十五年（1780）修缮正殿时彩绘；再外层单鹤图案为清末绘制；最外层“和平鸽”图案为中华人民共和国成立后粘贴。由于天后宫正殿是明代的大木梁架，加之正殿额枋上发现的内层彩绘痕迹具有明代彩绘特点，于是在1985年天后宫彩绘复原设计时，便采取了复原明式彩绘的方案。大木梁架以青绿冷色为主调，辅以铁红暖色枋心，藻头圭线、皮条线和岔口线作圆弧形，内画“二整一破”旋花，旋花叶瓣中心绘红色石榴头。枋心内，以云、水、花、鸟为题材，绘制了“海水江牙”“云鹤潮月”“风穿牡丹”等图案。斗拱青绿相间绘制，拱眼壁银朱地绘莲花，显示出明代彩绘独有的艺术韵律。

独具特色的古街彩绘 古文化街的仿古建筑彩绘沿袭了我国传统的古建彩绘风格，结构严谨、内容丰实、恢宏豪华、瑰丽精美。古文化街的彩绘艺术，以其色彩斑斓而著称，巧妙融合了“旋子点金”与苏式彩绘的精湛技艺，南北两进口处的牌楼与天后宫戏楼采用了“旋子大点金”的精湛技艺，其余门脸、商铺则

天后宫正殿彩绘（王焱 摄）

统一采用“苏式九晕”手法，营造出强烈的立体视觉效果，更添一抹华丽与高贵，加之金线的点缀，更显璀璨夺目。这些彩绘作品以现代人的审美观和现代城市的尺度，将山水、花鸟与人物故事交错布局，依次排列，集国画艺术、建筑美学、历史知识于一身，具有知识性、观赏性和装饰性，增添了古典文化气息，打造了古文化街绚丽多彩、风采迷人的文化景观。

旋子彩绘　“旋子彩绘”是中国古代建筑上的一种彩绘风格，在等级上仅次于和玺彩绘，多用于皇家园林、牌楼等。古文化街的南、北牌楼和主街东侧（雨露、昭华）牌楼上均采用了“旋子彩绘”。南北牌楼造型为“一整两破加二路”的形式，街南东侧的牌楼的造型为“喜相逢”形式，其做法均采用的是“旋子彩绘烟琢墨石碾玉”的手法。牌楼上的题字采用贴金，上方的龙形图案中，旋眼、栀花心、菱角地、宝剑头也均沥粉贴金，使整个牌楼富丽堂皇。

牌楼旋子彩绘（李闻博 摄）

苏式彩绘 苏式彩绘（苏画）一般适用于古建园林和民居，是一种构图较为活泼的中国古建装饰彩绘，将檩、垫板（或花板）、枋子三个木件连成一气，做成一个半圆的枋心，行话称作“包袱”。包袱的周围用折叠的退晕法（色泽由深而淡）处理，以加强图案的立体感。在古文化街的彩绘中，为了增加豪华效果，均在箍头线、聚锦线上采用沥粉描金的方法，“包袱”中的

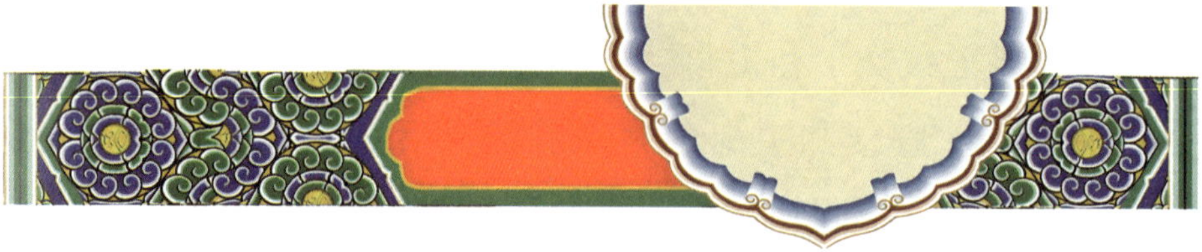

“苏式九晕”彩绘（古文化街管委会提供）

烟云退晕均为“九道退晕”，使古街彩绘产生了“远看退晕如凹凸，近视彩绘却板平”的艺术效果，使游客在游览古文化街时充分感受到中国古建筑艺术的博大精深。

彩绘经典有序　古文化街街面建筑上的彩绘从南口水阁大街到北口通北路共分为四段，按照画面内容以历史故事发生的年代为先后顺序，即以汉、唐、宋、元、明、清各个朝代的著名历史故事题材和文学名著中具有鲜明特点的人物及故事情节依次铺陈，脉络清晰，排列有序。

南口至天后宫段（汉代、唐代历史段）西侧以中国古代四大名著中的《三国演义》和《西游记》为题材；东侧彩绘以汉代、唐代历史传说为题材，如“凤求凰”“昭君出塞”“文姬归汉”“孔雀东南飞”“长恨歌”等。

天后宫至天演广场段（宋代、元代历史段）西侧以《水浒传》《宋史故事》为题材；东侧彩绘以宋代、元代历史故事为题材的彩绘，有《西厢记》《牛郎织女》等。

天演广场至文化街北口段（明代、清代历史段）西侧以《红楼梦》为题材；东侧以“郑和下西洋”“郑成功收复台湾”等清代的历史故事为题材。

天后宫前戏楼广场以及戏楼游廊两侧以民俗风情故事和民间传说中的吉祥画面为题材。戏楼两侧游廊画面内容以传统京剧故事为主（《三岔口》《连环套》《宝莲灯》《让成都》《镇潭州》《还二锏》），并配有代表天津漕运文化和海河文化的《十航图》（《导航图》《远航图》《巡航图》《野航图》

《西游记》故事彩绘（李闻博 摄）

《水浒传》故事彩绘（李闻博 摄）

《通航图》《漕航图》《渔航图》《运航图》《引航图》《海航图》），以及明代诗人李东阳描写天津的“直沽八景”（镇东晴旭、定南禾风、安西烟树、拱北遥岑、海门夜月、百沽潮平、吴粳万艘、天骥连营），内容丰富，绘制精美，引人入胜。

第四章 街内商业今昔

古文化街一带的商业，犹如一颗璀璨明珠，自古便闪耀着耀眼光芒，其蓬勃发展得益于得天独厚的地理位置，更在悠悠700年间，于诸多社会人文要素的交织影响下，逐步走向昌盛。

津門故里

一 商业变迁

古文化街所在的老三岔河口一带，在古代是河海漕运的关键枢纽和南北方商品的集散地，街中心的天后宫又强力地带动了周边商业的发展。除了天后宫外，附近还有玉皇阁、天齐庙、崇仁宫等庙宇，它们同天后宫一样，凭借宗教信仰和民俗传统吸引了大量人口，促进了宫南宫北大街一带商业的发展。今天古文化街一带西侧与原老城东垣相邻，其内居住的多是富贵官宦人家，而南侧又是连接东门和海河的水阁大街，亦是天津百姓取水的必经之路，这进一步促进了宫南宫北大街的经济发展。

1864年，外国考察队绘制的天后宫前的集市（南开区档案馆提供）

清朝中期，商品经济繁荣，原有的市集已不适合百姓的购物需求，相继消失，但依托天后宫的宫前集，以顽强的生命力持续发展，并转化为专门性的市场。到了清末，天后宫前有专卖河鲜的鱼市，还有粮市、银市等。清光绪年间，在宫南大街南口的东浮桥（今金汤桥）形成了当时天津最大的菜市之一，这个市场一直持续至中华人民共和国成立前。此外，每逢农历腊月，年货摊贩陆续出现。

天津是全国重要的盐产地，金元时期三岔河口一带有盐卤涌出，于是在这里发展成了三岔沽盐场。据估计，元朝在此从事制盐者可能已达万人。天津拥有全国最大的盐场——长芦盐场，长芦盐由天津发往各地。明嘉靖年间，长芦盐场逐渐采用日光晒盐法，盐产量不断提高。天津发达的河运系统也为食盐的转卖提供了便利，加之专卖制度的废止和世袭盐商的出现，使天津成为中国重要的产盐贩盐中心，大量盐商在此聚集。天津“八大家”中半数都是盐商，其中长源杨家的住宅就位于宫北大街东侧。繁荣的盐业不仅使天津有了“小扬州”的美称，更促进了老三岔河口和宫南宫北大街一带经济的发展。

宫南宫北大街除了是天津重要的商贸中心外，还是天津早期的金融街。由于商品经济的发展、资本主义的萌芽、人口的增加、长途贸易往来和银钱汇兑的需要，天津在明末清初出现了钱摊、钱号、炉房等早期金融机构。钱摊是个人经营的货币兑钱摊，也称“钱商”。钱号是独资从事银钱兑换并兼营存放款的小型商号，也称“钱局”或“钱铺”。炉房则以熔铸银锭为主，兼营兑换。据《天津通志·金融志》介绍：清乾隆年间，天津最早的一批钱号在估衣街和宫南宫北大街设立。

在宫南宫北大街经营最广的金融机构是票号和银号。票号的经营者多为晋商，凭借发行的票证为长途而来的商旅兑换银钱，以此提高长途运输的安全性，这也在另一层面上反映出当时天津与全国各地商贸的紧密联系。清咸丰十年，天津开埠，大量资本涌入津门，银钱业的需求大增，宫南宫北大街一带的票号迎来了全新的发展。19世纪末20世纪初，随着天津进出口贸易的发展，对于金融服务的质量提出了更高的要求，传统意义上的票号因不适应时代需求而逐渐衰落。

银号（也叫钱庄），早在清乾隆时期描绘天津海河两岸场景的《潞河督运图》上就有出现。相比于票号，银号在天津出现较晚，但业务范围更广，除了金银买卖之外，还从事贷款、存款、票证贴现等业务，是综合性的金融机构。由于宫南宫北大街位于老城之东，故而在此经营的票号银号被称作“东街派”，尤其在宫北大街，银号星罗棋布，至今尚存的通庆里就是旧津银号的聚集地之一。《天津指南》评价道：“商业街（指宫南宫北大街）以银号钱铺为最多，故有‘钱街’之称。”东街银号的业务以金银、证券和外国货币的兑换、买卖为主，偏于投机，盈利极巨，在旧天津金融界的资本数一数二，因此在当时流传着“听东街的”之说。一些银号积极吸收天津租界的外来资本，具有开放的经营理念，从清末到民国时期长期处于发展状态。

宫南宫北大街除了遍布旧式金融机构，许多现代的银行也曾设立于此，如著名的东莱银行和浙江兴业银行在迁入法租界前，都曾在宫北大街经营。天津第一个银钱业行业组织“钱号公所”也于清咸丰年间设立在天后宫内。根据清光绪年间出版的《天津纪略》记载，当时天津共有银号76家，其中位于宫南宫北大街的有14家，紧挨大街的袜子胡同有3家；化碎银为整银的炉房在天津有14家，其中4家位于宫南宫北大街，紧邻的袜子胡同、福神街和大狮子胡同有4家。

到了清宣统年间，据《天津指南》记载：大街上有1家银行、9家银号、7家钱铺和2家金店银楼，共计19家。

1912年的“壬子兵变”虽使附近金融机构受损，但经过10年的恢复，金融业仍在这里顽强发展。据1922年再版的《天津指南》介绍，宫南宫北大街有银行10家、汇票庄1家、银号钱铺28家、金店银楼3家，共计42家，有增无减。

但在当时，宫南宫北大街的各色商铺、工厂总共才29家，由此我们可以一窥金融业在该街所占的比例与其在天津重要的金融地位。在英法租界的中街（今解放北路）崛起成为“东方华尔街”之前，宫南宫北大街俨然就是天津的早期金融一条街。宫南宫北大街发达的金融业为周边商业发展提供了坚实的资金支持，银号钱铺和金店银楼在此产生了集聚效应，进一步促使宫南宫北大街的商业走向繁荣。

宫南宫北大街，这条承载着古老记忆的商业街，在近代之所以能够持续发展，关键还在于其紧紧抓住了天津近代化的宝贵机遇。

清咸丰十年，天津被迫开埠，自此外国洋行如雨后春笋般纷纷涌现，其中最为知名的当数贩卖茶叶的俄商萨宝石洋行，其所在之地后来也留下了萨宝石胡同这一历史印记。

清光绪八年（1882），修建了一条起始于老铁桥附近，沿海河西岸往南到马家口，与紫竹林租界相连的大道，称为“官道”。这条路长约2 250米，是第一条采用国外新法修建的渣石路。这条路从天后宫戏楼前方经过，对宫南宫北大街的商业发展起到了促进作用。后来，宫南宫北大街陆续铺上了沥青，加装了电灯、电线，这些近代化基础设施的出现为大街两侧的店铺和前来的顾客提供了便利。

清光绪二十八年（1902），中国第一家省立银行——直隶省官银号在老城东北角开业（现于古文化街景区西北角复建），并在大悲院旁设立北洋银元局，铸造银元，大大解决了天津货币的流通问题，加快了庚子年后天津经济的恢复。同年，直隶总督署迁到天津，并在河北窑洼一带着手开发建设河北新区，这是中国第一个自主规划建设的现代城区，它与古文化街一带仅一河之隔，新城区的开发为宫南宫北大街的发展也带来了新的契机。

清光绪二十九年（1903），直隶工艺总局成立，周学熙任总办，最初设在草厂庵，四年后迁至宫北的玉皇阁。工艺总局开设三个主要机构，分别是直隶工业学堂、考工厂及实习工场。其中的考工厂是国内外工业产品的展览推广中心，是中国最早的工业展览馆，最初地址就选在了北马路。一时间，全国各地的官员、实业家都来到天津考察学习。工艺总局在发展生产、扶持国货、扩展销路等方面带来了深远的影响，天津城乡商业、近代工业有了显著进步，这对于宫南宫北大街的经济，尤其是这一带的金融业的发展起到了一定的助推作用。

清光绪三十年，天津商会首次主持天后宫皇会，通过这次活动，他们体验到了“借天后诞辰和天后庙会的名目行发展经济之实所带来的便利与益处”，还得到了官府减税二成的优惠政策。经此一事，商会深刻意识到天后和皇会对带动宫南宫北大街的商贸发展的重要意义。清光绪三十三年（1907）春，天津商会为提倡国货，顺应新政，仿照博览会成章，在天后宫创办了天津第一届商业劝工会，其性质类似于今天的商品展销会。为刺激经济，天津商会在劝工会召开前一周通知在行各商铺，凡有出入口货物，在一个月之内减免关税。劝工会举办一个月，远近客商纷至沓来，入会展销，销售总额达178万余两，基本达到了预期目的。1915年，天后宫皇会与劝工会同时举办，活动期间万人空巷。

然而，百年商业和金融业的积淀以及近代化的契机也未能改变民国之后宫南宫北大街走向衰落的事实。连年的战乱，使大批商店、银号倒闭或迁往较为安全的租界。

1936年，时任天津市市长的萧振瀛为重振天津经济，受商界吁请，决定举办皇会。市政当局为吸引客商，规定30元以下的货物一律免税，来津参会者火车票享受半价优惠，宫前的客栈爆满，香烛纸钱店也被订购一空。经过两个月的精心筹备和宣传，到皇会开始之日，宫前人流滚滚，各地的游客来到天后宫祷

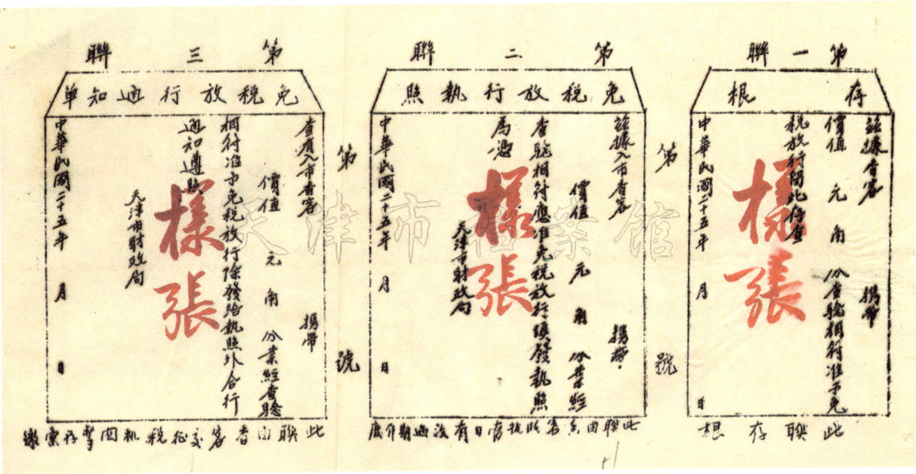

1936年皇会免税凭证（天津市档案馆提供）

告、购物、观看表演，周边交通一度陷入瘫痪。到了皇会第五日（1936年4月11日），天后娘娘终于千呼万唤始出来，皇会进入高潮。几十道花会你方唱罢我登场，沿街商铺纷纷设案接驾，观会百姓顶礼膜拜，天津一副“太平景象”，仿佛进入了“狂欢节”……

可是，1936年皇会也无法挽救宫南宫北大街商业的颓势。第二年，卢沟桥事变爆发，天津沦陷，由皇会带来的经济繁荣竟成为绝响。到中华人民共和国成立时，宫南宫北大街两侧的绝大部分商业建筑逐渐被普通民居和仓库取代，但据辛勤甫在《宫北宫南旧貌》中的回忆，此一时期，仍有几家老店铺顽强经营，比如：大狮子胡同口的湧三元羊肉庄专售牛羊肉，并代卖蜡烛，所售成对的喜、寿红烛以色正不跑油而著称。

还有一家以“石头门坎大素包”闻名的真素园，专卖大素包，以及锅巴、素帽、素丸子、素油豆腐、面筋、红白粉皮、香干等素食品，货真价实，门庭若市，生意很好。

天后宫前院还有一家刘捷三照相馆，是天津最早的照相馆。摄影师的技术相当有造诣，门前镜框内有很多样品，照片上的人物姿势美观，端庄秀丽，引人围观。据说摄影师曾在北京故宫里照过相，鼎章照相馆及原东马路宝光照相馆内的摄影师中都有他的徒弟。

1986年元旦，修建后的古文化街开街。街上的商铺极具历史文化气息，诸如图书类的店铺，有创建于1924年的天津市早期“书肆文运堂”，内部开辟“册府”书库，陈放的古旧线装书

天后宫里的刘捷三照相馆（南开区档案馆提供）

可供专家学者参考；发售文史哲新书的“今古书社”；专门经销各大出版社书籍的“津门书社”；主要经销一些高校出版社出版的学术和教学类用书的“河洛书屋”；主营国内版外文书刊、进口原版书刊、进口原版唱片磁带的“琳琅阁”；专营中外文字典、词典、年鉴、各种专业技术词典、技术手册等工具书的“荟萃斋”；零售少儿读物、连环画、小学教育用书的“朝晖园”；承接古旧书籍修复业务，同时印刷聘书、请柬、贺年片的“容书苑”。各类书店，犹如知识的宝库，散发着阵阵书香。

文玩类的店铺中，有专门经营铜、瓷、玉器、名人字画、象牙、竹木雕刻、各式印章的“萃文斋”；以经营古典家具和各种竹木雕刻小件见长的“艺湛坊”等。

文房类的店铺里，有在津经销安徽泾县宣纸、宣笔、歙县墨和墨汁、歙砚、安徽元书纸等用具的“四宝堂”；重点经营广东端砚等各类文房器具的“积墨山庄”；专门销售天津出产的金笔、圆珠笔、尼龙笔、铅笔、眉笔、墨水的“萃文魁”；天津专业纸行之一的“文丰纸行”；承接印章、匾额雕刻并销售各类刻石的“印景轩”等。

地方民间艺术类的店铺更是丰富多彩，天津著名的“杨柳青画店”“泥人张”自不必说，还有如销售组装式天津绢风筝、刻砖、剪纸、各色流苏穗子以及其他美术工艺品的“艺文斋”等，将天津的民间艺术展现得淋漓尽致。

陈设工艺品类的店铺中，有专门销售各类优美典雅艺术品的“瑞宝斋”；以经营仿古镶嵌漆器为特色的“华宝斋”；销售景

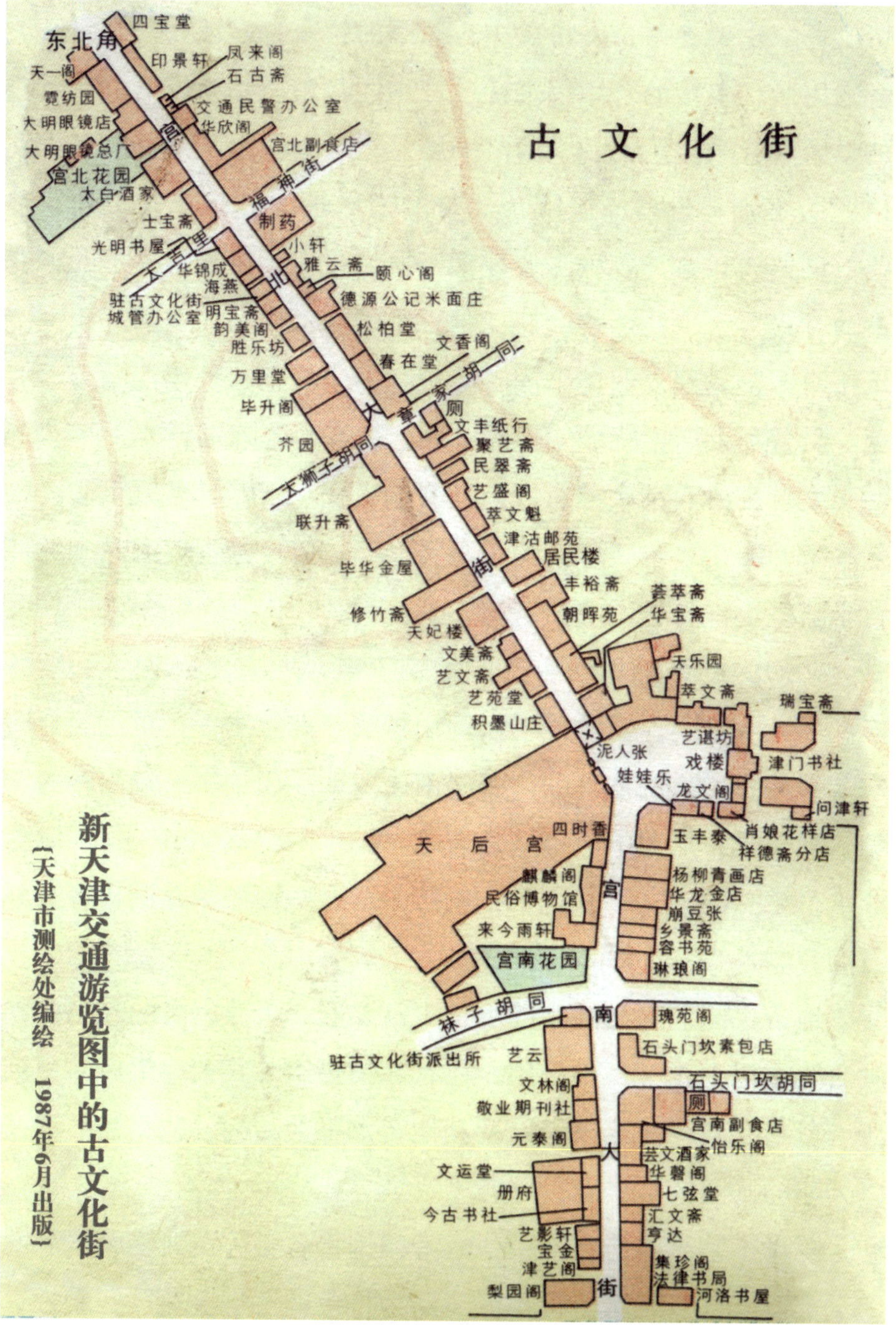

20世纪80年代中期古文化街商铺分布图（天津老城忆看工作室提供）

泰蓝工艺品的“明宝斋”；创建于1924年、经营各种宫灯及王星记杭扇的“华锦成”；专营以钧瓷为代表的工艺陶瓷及各种玻璃器皿的“元泰阁”；主销以洛阳九都唐三彩为主的著名工艺陶瓷的“集珍阁”；以经营景德镇及各地著名工艺陶瓷为主的“瑰苑阁”等。

文化生活用品类的店铺也一应俱全，有主要经营集邮品和集邮用品并兼售可凿日期的婴儿出生纪念用生肖香币的“津沽邮苑”；经营室内艺术装饰品的“麒麟阁”；主要销售天津各乐器厂生产的民族乐器、古乐乐器的“华欣阁”；专营孔雀牌优质民族乐器、传统古乐乐器、天津产各种精制西洋乐器和各国名牌电子琴的“华磬阁”；专门经销国产名牌中西乐器的“韵美阁”；专营戏剧剧装、花会用品、舞蹈服装、天津“把子许”的把子的“梨园阁”等。

儿童玩具类的“怡乐阁”“娃娃乐”等店铺，为孩子们带来了无尽的欢乐。

丝绸服饰类的店铺中，有专营以浙江丝绸为主的传统丝织品和中式服装的“古纺阁”；专门经营少数民族服装、用具、装饰工艺品的“民萃阁”等。

全国各地的游客、专家纷至沓来，在此游览参观，对其赞誉有加，古文化街也顺势成为改革开放初期中国最具代表性的、以历史文化为鲜明特色的旅游景区，声名远扬。

2004年，提升改造后的古文化街商贸区规模宏大，以古文化街为主线，东侧新建文化小城，西侧新建古玩城、美博城。

古文化街鸟瞰（南开区档案馆提供）

古文化街向西与鼓楼商业街和东马路周边的商业综合体紧密沟通，东侧新建以亲水平台为载体的海河餐饮文化娱乐综合体，另设有海河游船码头，为街区内部游览人群提供了更多活动机会和选择，形成了与周边地区良好的商业互动关系。

在保留传统文化特色的基础上，古文化街积极大胆地引入新的商业业态，尤其是一些具有体验性的项目，如五号院民俗体验馆等。同时出现了一些将传统文化与现代创意相结合的文化创意店铺，如文创笔记本、书签等，这些产品既具有实用性，又富有文化内涵，满足了游客对于个性化、创意化旅游纪念品的需求。此外，还增加了许多特色小吃店，比如闻名遐迩的“狗不理包子”“耳朵眼炸糕”“十八街麻花”等美食，让游客在游览的同时品尝正宗的天津味道，丰富了游客的体验，也增加了商业的多元性。

商业开发通常会面临租金上涨导致老字号租户搬离的问题，但古文化街运营方为了保留老字号店铺，以租金补贴的方式留住了老字号，形成了天津老字号“博览会”这一不可复制的商业名片，避免了因翻新而失去原有的文化特色和历史底蕴。

古文化街致力于打造文化品牌集群，呼应着古文化街的文化定位，强势奠定了“天津民俗文化代言者”的身份地位，“保护项目和新建项目的综合开发以及相互渗透，共同构建出古文化街传统天津文化的街区业态结构”。2005年，古文化街提升改造后的第一个春节就与市旅游局联合举办“迎新春”天津古文化街·天后宫民俗旅游庙会，并于大年初一举行盛大的民间祭拜活动。正月十五灯节期间，天后宫又举行了大型灯谜活动，吸引大量游客参与。此后几乎每年春节期间，古文化街和天后宫都会举办相关活动，以拉动周边商业发展。此外，还定期举办民俗文化节、手工艺品展览等，邀请非物质文化遗产传承人现场展示，游客还可以欣赏天津的传统民俗表演，如舞龙舞狮、高跷、秧歌等。这些活动不仅丰富了游客的体验，也提升了古文化街的知名度和影响力。

从2004年至2018年，街区不仅巩固了其在天津乃至华北地区文化旅游与商业中心的地位，还为传统文化的保护与传承、地方经济的繁荣发展作出了重要贡献。

2017年以后，古文化街不断推进景区提升改造工作，持续优化街区商业业态，不断提高景区品质。为解决商铺同质化、低端化问题，从2018年开始，古文化街管委会逐年对主街商铺进行提升改造，并于2019年制定了《主街商户考核评定办法和评定规则》，建立商户退出机制，淘汰同质和低端商品，提升游客的消费体验感和景区商品服务质量。此外，不断推进对商铺的减免政策，减轻商铺的负担，提供专属优惠政策，并综合治理非法经营，维护正常的商业秩序，打造良好的商旅环境。

为丰富商铺种类，自2018年起，古文化街先后成功引进了达仁堂、益德成、祥禾饽饽铺、张家水铺、康乐等天津老字号商铺和知名品牌，国际连锁咖啡品牌高乐雅咖啡、音乐盒咖啡，以及荷喜牛轧糖、古阿新、九九老银匠、木一陶、津门有礼、二月二花小瓣等特色品牌，为游客提供多样化的服务。当然也少不了深受当今年轻人喜爱的网红食品、茶饮，使广大游客在游览之余能够充分满足味蕾上的享受。

2018年，古文化街着手开发街区夜市，第二年，以大狮子胡同为主的夜间经济初见成效，2020年完成大狮子胡同美食坊一期

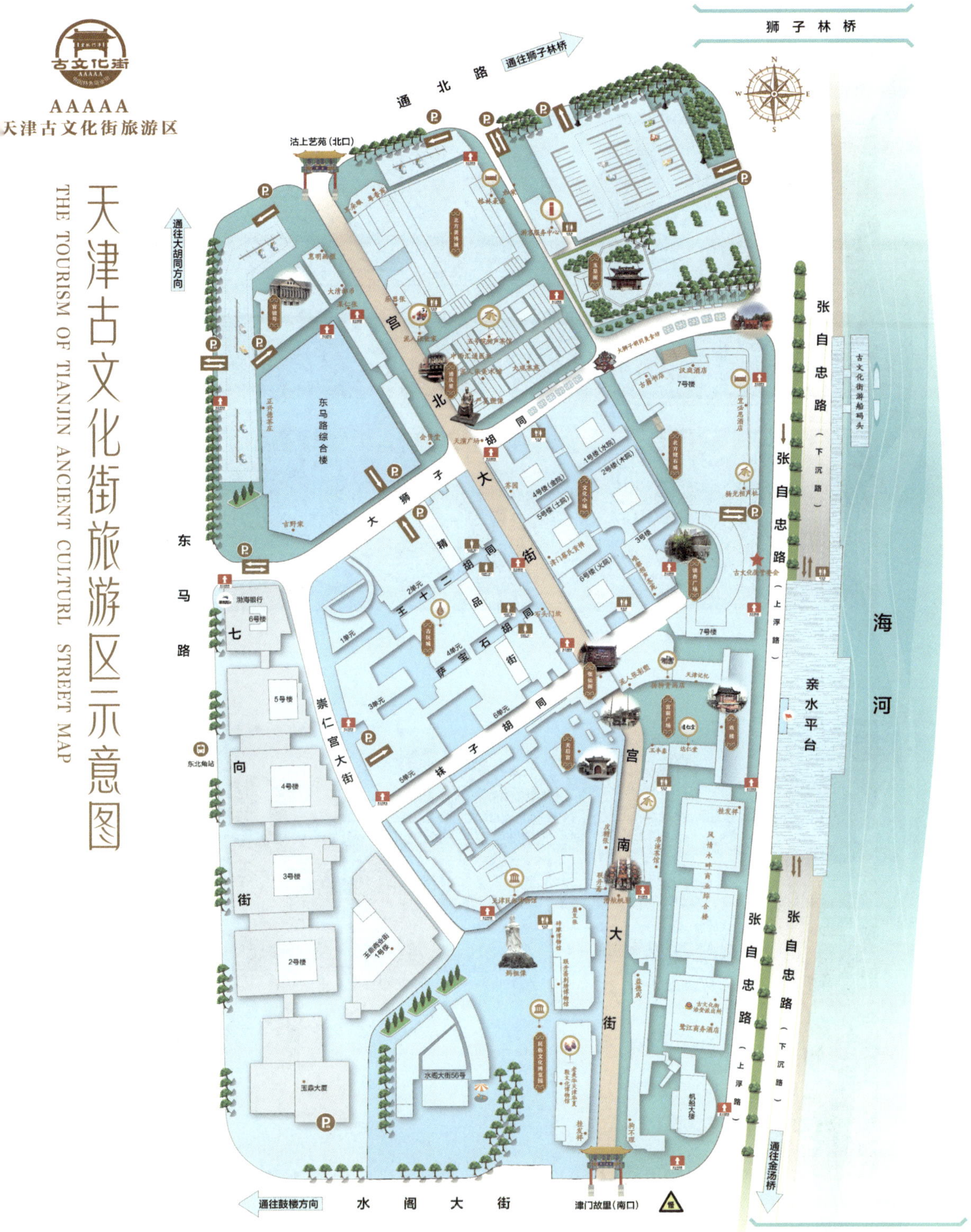

天津古文化街旅游区示意图

古文化街鳞次栉比的商铺（李闻博 摄）

古文化街夜市热闹非凡（王英浩 摄）

项目。2022年，为了满足市民游客夏季的文娱生活，夜晚闭园时间由18:00延长至22:30，并打造“夜游、夜购、夜品”三大夜间消费场景，促进夜间经济发展。

经过多年以来的不懈努力，古文化街在街面景观、基础设施、配套服务、商业业态、文化活动、线上线下宣传等方面取得了显著的成果。2024年中秋国庆期间，接待游客、景区销售额达到了40年来古文化街峰值。

二 老字号与“非遗”

自明代以来，宫南宫北大街就是商家云集的宝地，经过长期的商业文化积累形成了众多知名老字号。同时，通过口传心授、世代相传，藏于民间的非物质文化遗产，浸润着这片热土，滋养着热土地上的人们，也使今天的天津人文土壤肥沃、文化资源丰富、历史底蕴深厚。

泥人张

“泥人张”彩塑，民间传统艺术品，以其细腻的工艺和生动的形象深得百姓厚爱。其作品形神毕肖，栩栩如生，须眉欲动。2006年5月20日，天津“泥人张”彩塑被列入第一批国家级非物

“泥人张”店铺（李闻博 摄）

质文化遗产名录。

“泥人张”彩塑以纯净的胶泥为原料，经过特殊处理后形成“熟泥”，具有极强的黏合性。在塑造过程中，艺人们还会运用木材、竹藤、铅丝、纸张、绢花等辅助材料，以增加作品的丰富性和立体感。

“泥人张”彩塑这一传统艺术形式，历经近200年的流传与发展，已传承了六代传人。

创始人张明山，清道光年间出生于浙江绍兴山阴，从小便在捏制泥质玩具的过程中逐渐掌握了泥塑的全部过程。他擅长人物塑像，18岁时，其泥塑技艺就已在京津两地广为流传，声名远扬，老百姓亲切地称他为“泥人张”。

1959年，第四代传人张铭成立了“泥人张”彩塑工作室。该工作室与天津工艺美术学院联合招生，为彩塑艺术培养了一批新的人才。

1986年，古文化街开街，便设立了“泥人张”店铺，让更多的人能够近距离欣赏和购买到这一艺术珍品。

2000年，第六代传人张宇接任了“泥人张”彩塑老作坊的总经理职务。

如今，“泥人张”彩塑已经成为中国传统雕塑的代表之一，享誉国内外，其作品的艺术延续更是一种文化的传承。

“泥人张”第六代传人张宇（“泥人张”提供）

巴拿马万国博览会获奖作品“吹糖艺人”（南开区融媒体中心提供）

风筝魏

说起天津的风筝，便不得不提起“风筝魏”。“风筝魏”品牌已有100多年的历史，经历五代手艺人传承发展，在制作工艺、色彩绘制等方面愈发精进，和“泥人张”彩塑、杨柳青年画并称为“天津民间工艺品三绝”，具有独特的历史文化价值。

创始人魏元泰生于清同治十一年（1872），16岁时便开始学习扎彩手艺和制作风筝。学艺4年后，他在鼓楼东大街开设了“魏记长清斋扎彩铺”，这是中国近代首家经国家注册的风筝制作作坊和专卖商号。

魏元泰对待风筝制作精益求精。在风筝扎制上，以榫接骨架代替原有的纸捻、丝线捆绑，衔接处采用焊接小锡箍固定，不仅使风筝结构更加坚固，不易缺损折断，而且能够多次折叠，数丈长的大风筝可折为纸张大小，十分方便携带。在彩绘上，承袭民间绘画艺术技法，将古代彩绘的退晕法运用于筝面绘制，画面柔和自然，色彩亮丽鲜艳，具有观赏性。

魏元泰一生研制风筝近200种，包括平板式、弓子式、立体式、串式和袖珍式等，十分受人欢迎。1912年，魏元泰的11件作品获国家级直隶出品展览会金牌。之后，魏记风筝被选送至美国旧金山举办的巴拿马太平洋万国博览会，再获奖项，名扬国内外。

魏元泰工作照（南开区政协提供）

第四代传人魏国秋（南开区融媒体中心提供）

“风筝魏”的五代传人都在汲取前人智慧的基础上不断创新，制作的风筝既承袭传统工艺，又带有时代特色。第四代传人魏国秋与其儿子魏博文创新了许多造型奇特的风筝，如“千米龙”“太极风筝”“标本风筝”等。同时，“风筝魏”传人们也十分重视风筝文化的传播与交流，曾多次参加国内外展览和讲座，还

“凤凰”风筝
（南开区融媒体中心提供）

经常走进课堂，向学生们讲授风筝制作技艺。

1984年，“风筝魏”风筝制作技艺被轻工业部定为中国78项著名民间艺术项目之一；2008年，“风筝魏”制作技艺入选第一批国家级非物质文化遗产扩展项目名录。

乐器张

清朝时，天津已呈现出一片繁荣的景象，因距离北京较近，加之通商口岸的开放，达官显贵、文人墨客多聚集于此。直隶等地的戏曲艺人陆续来津演出和传艺，带动了中国传统曲艺的繁荣发展。由此，天津汇集了各类乐器能工巧匠，也衍生出制作各

“乐器张”店铺（“乐器张”提供）

类乐器的作坊。如当时有名的“乐器张”，通过制作古琴名声大噪。制作古琴有一个专业的名字：斫琴，斫是用刀斧劈砍的意思，在古琴这行，手工制琴的艺人都被尊称为“斫琴师”。

“乐器张”创始人张老葵生于清咸丰年间，祖籍河北武邑县。张老葵自幼随父亲学习木工手艺，制作各式家具，父子二人常往返于京、津、冀等地。后来张老葵和父亲租住在鼓楼附近，并对民族乐器产生了浓厚的兴趣，他通过学习交流，逐渐掌握了乐器的构造和制作方法，开始提供乐器修复和乐器制作业务。一次偶然的机会，张老葵进入清代制造皇家御用品的专门机构——造办处（又称“匠作处”，位于内务府北侧，经常为宫廷、皇族宗室定制民族乐器），制作胡琴、琵琶、中阮、月琴等戏曲用

第五代传人张雨工作照（“乐器张”提供）

“乐器张”店面（“乐器张”提供）

琴，所制作的乐器受到广泛好评，自此开创了“乐器张”百年民族乐器制作技艺之路。

目前在古文化街经营“乐器张”的是第四代传人张俊国和第五代传人张雨，他们对传统民族乐器手工传承制作理念颇有见解，全程手工古法斫琴，不借助任何机械工具，认真按照“乐器张”传承的古法制作斫琴技艺“挖槽腹”“天地柱”“漆艺”，其古琴技术得到了完整传承。

从民国时期的“文声斋”“天魁元”，到1952年天津民族乐器厂、1983年洪声乐器厂，再到今天的“乐器张”，天津乐器匠人依然保留着民族乐器制作先辈们留下的制作理念与制作工艺。“乐器张”传承人曾多次为梅兰芳的专用琴师徐兰沅以及古琴演奏家管平湖等人制作古琴。如今，“乐器张”已入选天津市级非物质文化遗产名录。

蔡氏贡掸

在传统家庭陈设中，每家堂屋正中靠后墙都摆一个条案，案前放一张八仙桌，桌左右各放一把太师椅。讲究一些的大户人家会在条案上摆一对掸瓶，里面插上鸡毛掸子。据《山海经》记载：“祠鬼神皆以雄鸡。”人们认为雄鸡与日出相生，具有阳刚之气，有辟邪的作用，寓意“平（瓶）安吉（鸡）祥”。

中国制作掸子的历史源远流长，但将掸子做成皇家御用珍品的，当数有100多年历史的津门“蔡氏贡掸”。蔡氏祖籍河北景县，由于连年旱荒，食不果腹，全家被迫迁往北京八大处，以扎制掸子维持生计。创始人蔡锡九（1853—1926）从小心灵手巧，痴迷于掸子制作，在前人基础上不断创新制掸技艺，将羽毛缚在藤杆上，如同长在活鸡身上一样灵气十足，使掸子不仅结实耐用还非常美观。

后经人推荐蔡家进宫制掸，从此蔡家掸子成为皇家贡品，享有“贡掸”之称。清光绪十年（1884），慈禧太后过50岁寿辰，指定蔡家为其扎制99把贡掸，蔡家以99把不同颜色、不同寓意的

津门蔡氏贡掸（李闻博 摄）

贡掸作为贺礼，这99把掸子以精美的选料、特殊的工艺成为掸中极品，每把贡掸在当时都价值白银数百两，慈禧甚是喜欢，嘉奖了蔡家。蔡锡九把一生奉献给掸子，认为制掸技艺是发家的根本所在，便留下家训：蔡家后人每辈中必须有会制掸的，只许不干，不可不学。

中华人民共和国成立后，制作贡掸的手艺几近失传。“蔡氏贡掸”第四代传人蔡成浩，幼年随父学习扎掸技艺。54岁时，他在老伴儿的建议下，重新拾起这门家传手艺，凭着少时的记忆和

蔡成浩（蔡红英提供）

蔡氏贡掸（李闻博 摄）

图谱，摸索着制作出第一批掸子。2009年，蔡成浩在地坛公园参加“建国60周年国庆游园系列活动”，其制作的掸子被评为“建国60周年广场展示艺术金奖”。同年，津门蔡氏贡掸制作技艺获评天津市非物质文化遗产。2011年，蔡成浩成为天津市非物质文化遗产项目——津门蔡氏贡掸制作技艺的代表性传承人。

鸡毛掸子何以成为收藏品呢？从材料到成品，“蔡氏贡掸”有诸多要求。首先，选料严格。“蔡氏贡掸”一般选用4岁鸡龄的羽毛，毛更长，做出来的掸子也更漂亮。其次，选好的羽毛要按照长短、大小、色泽、花型、纹理，分门别类排列成把，用明矾、硼砂等数十种中药除虫去味，然后捆扎、绑掸。绑掸子的过程中不能休息，一把掸子需一口气绑完，相当考验臂力和耐力。而整个过程要经过18道工序才能完成。尤其是极品贡掸，每只成年公鸡身上取的羽毛不能超过10根，每把掸子约用8 000根这样的羽毛，要在近千只鸡的羽毛中进行筛选。最后，“蔡氏贡掸”选用材质好的小叶紫檀木做杆。因此，“蔡氏贡掸”的珍贵之处可见一斑。上乘的掸子因颜色各异也被赋予了不同的含义，比如火炬红，象征红红火火、财源滚滚；墨龙黑，寓意镇宅兴宅、辟邪镇妖；玉兔白，蕴含健康长寿之意。当下，“蔡氏贡掸”结合市场需求，选用统一毛色制作小型掸子，可做挂件或摆件，深受年轻人喜爱，一跃成为网红精品。

狗不理包子

狗不理包子，一道天津的传统美食，是中华饮食文化中家喻户晓的一颗绚丽之星。狗不理包子以其独特的制作工艺和丰富的口感，赢得了世界各地食客的喜爱。2011年，狗不理包子的传统手工制作技艺被国务院列入第三批国家级非物质文化遗产名录。

狗不理包子源于清咸丰八年（1858），经过100多年的传承与发展，它已经成为天津的代表性食品，名列“天津三绝”之一，“狗不理”也成为“中华老字号”。

据传说，清道光十一年（1831），狗不理包子的创始人高贵友出生于直隶武清县下朱庄（现天津市武清区）。因其父四十得子，为求平安养子，故取乳名“狗子”，希望他能像小狗一样好养活。高贵友极有天赋，14岁便开始在天津南运河边侯家后的刘家蒸食铺学习制作包子。经过师傅们的悉心教导和自己不懈的努力，他练就了一手绝妙的包子制作技艺。

三年满师后，高贵友独自开设了一家专营包子的小吃铺——“德聚号”。

“德聚号”牌匾（南开区档案馆提供）

由于高贵友做事认真，从不掺假，生意异常兴隆，来吃包子的人络绎不绝。他常因忙于制作包子，无暇与顾客交流，久而久之，人们便戏称他为“狗不理”，而他所经营的包子也因此被称作“狗不理包子”。

袁世凯在天津编练新军时，将狗不理包子带入皇宫，献给慈禧太后，太后食毕大悦，赞叹道：“山中走兽云中燕，腹地牛羊海底鲜，不及狗不理香矣，食之长寿也。”从此，“狗不理包子”名声大振。

狗不理包子铺老店（南开区档案馆提供）

如今，狗不理包子在继续保持传统技艺的同时，也进行了多种形式的创新。技艺高超的厨师们运用鸡、鸭、鱼、肉、海鲜以及时令蔬菜、野菜、菌类等食材，结合蒸、煮、烤、烙等多种烹饪技法，研发出“金针包”“龙凤包”“鸳鸯包”“香芹包”“什锦包”“大虾韭菜包”等各式特色包子品种，总数达到

6大类98个品种。刚出笼的狗不理包子，热气腾腾，鲜香四溢，一口咬下，肉馅的鲜香和包子皮的面香一齐袭来，却又不会过于油腻，让人感到清香适口。其口味多样，以鲜肉包为主，兼有其他品种，无论是哪一种口味，都保持着相同的制作标准和品质要求。

狗不理包子（赵思琪 摄）

耳朵眼炸糕

炸糕是天津的传统名点，承载着一代代天津人的甜蜜记忆，其中，最为人所称道的当数“耳朵眼炸糕”。

“耳朵眼炸糕”创始于清光绪年间，是“天津三绝”之一，传承百年而不衰。炸糕选材优良，制作精细，面皮是由粳糯混合了一定比例的籼糯，用石磨磨成米浆，沥水后采用独特的喷淋发酵工艺制成；豆馅精选优质红小豆和赤砂糖，经四道工序翻炒出沙，直至细腻生香；炸制时火候讲究，分次炸至金黄酥脆。成品外壳香脆，内里软糯，一口咬下去，先品尝到的是焦香油润的外皮，然后是软弹绵密的糯米皮，最后是细腻香甜的内馅儿，层次分明，口感丰富，让人回味无穷。

“耳朵眼炸糕”的创始人刘万春是回民，最开始卖炸糕时便

“耳朵眼”店铺（冯涛　摄）

推着挂有“回民刘记”牌子的小车，在南门外、估衣街一带沿街叫卖，后来和外甥张魁元合伙在北大关东侧租了一个小门脸，开起了炸糕铺，名“增盛成”。他的儿子刘玉才、刘玉山、刘玉书也全部参与了进来，同父亲一起经营店铺。刘万春用心琢磨制作手艺，独创了“面子喷淋发酵工艺”和“刘氏炒馅法”，制作的炸糕金黄酥脆，香甜绵软，口味出众，赢得了众多顾客的喜爱。因为炸糕铺挨着一条仅有一米左右狭窄的耳朵眼胡同，食客们便戏称其为“耳朵眼炸糕”，久而久之，“耳朵眼炸糕”的名号就流传开来了。

20世纪50年代，炸糕铺由刘万春次子刘玉山掌管。1956年，

耳朵眼炸糕（冯涛 摄）

该店加入公私合营。1978年改革开放后，天津市饮食公司正式将其定名为“耳朵眼炸糕店”，刘万春的孙子刘恩起担任经理。此后，“耳朵眼炸糕”制作技艺从家族传承转为师徒传承。如今，第五代传人朱晓昊拜师老师傅，进一步优化制作流程，实现传统手艺的创新发展。

2006年，“耳朵眼炸糕”被认定为第一批“中华老字号”。2009年，“耳朵眼炸糕”制作技艺入选天津市第二批市级非物质文化遗产名录。

桂发祥十八街麻花

麻花作为一种小吃历史久远，传说是古人过寒食节的时候不可动明火，便提前将面食炸制，在寒食节期间食用。春秋战国时期便摆上餐桌的粔籹算是麻花（油炸食品）的雏形。“膏环”“巨胜奴”“寒具”等都是此类油炸食品在不同时代演进过程中的称呼，虽形状各异，但炸制方法却有相似。苏东坡曾著有《寒具》，便称赞其“纤手搓成玉数寻，碧油轻蘸嫩黄深。夜来春睡浓于酒，压褊佳人缠臂金”。清末民初，天津饮食文化不断繁荣，麻花成为老少皆宜的食物，开设的麻花铺子鳞次栉比。当时天津地界的麻花根据前人的做法加以改良，形状有所不同，两三根白条拧在一起不捏头，俗称“绳子头”；两根白条加一根麻条拧在一起，俗称“花里虎”；两三根麻条拧成叫“麻轴”，口味各具特色。

其中，“十八街麻花”在天津众多麻花中脱颖而出。1927年，刘老八在天津卫海河西侧的东楼村附近开设一家麻花铺，起字号“桂发祥”，寓意为“桂子飘香，发愤图强，吉祥如意”。店铺生意火爆，吸引众人来此买麻花，因店铺坐落于十八街胡同，故得名“十八街麻花”。刘老八精心研究麻花制作工艺，不断试验面、水、碱的配比，在水的温度、面的力道甚至连节气的

桂发祥十八街麻花店铺（李闻博 摄）

桂发祥十八街麻花店面（李闻博 摄）

变化都严格把控。经过数次尝试，解决了传统麻花存放后艮、硬的问题。随后他几赴山东、南下杭州，辗转多地，最终成功配置出最适合麻花融合的百香馅料，并命名为“十八街什锦夹馅麻花”，一经推出便受到人们喜爱。“十八街麻花”技艺发展成熟后，刘老八又潜心撰写了《麻花食笈》。

1956年公私合营后，相关部门把麻花师傅们重新召集起来，成立了桂发祥麻花铺，在传统制作技艺的基础上不断发展。之后在天祥市场（今劝业场顶楼）举办的天津市风味食品展览会上，“十八街麻花”被抢购一空，名声大振。

1999年，桂发祥集团与天津市食品研究所联手组建成立桂发祥食品技术开发中心，相继开发出4大类50多个麻花新品，并推出五谷杂粮、无糖麻花等多种口味，麻花种类进一步丰富。2004年，“桂发祥”“十八街”荣获中国驰名商标、天津市名牌产品称号。2006年，“桂发祥”字号被认定为首批“中华老字号”。传统手艺，薪火相传，“桂发祥十八街麻花制作技艺”分别于2009年、2014年入选天津市和国家级非物质文化遗产代表性项目名录。

“石头门坎”素包

“石头门坎”素包始于清朝末年，历经100多年的发展变迁。其前身是一家叫作“真素园”的素食店，位于天后宫附近，主营各类素菜食品，其中以素包最为有名。旧时天后宫香火旺盛，人们虔诚信仰妈祖，经常去天后宫敬香请愿、祈祷平安，并且在拜祭时吃素以示尊敬，“真素园”的素食清淡鲜香、爽口入味，很受食客喜爱，生意日渐红火。因地势比较低洼，每到汛期时，店门口总会积蓄大量雨水，为防止店内被浸泡，“真素园”便在门口设了一道石头门坎，久而久之，“石头门坎”的名称便流传开来。

“石头门坎”素包（冯涛　摄）

“石头门坎”素包选料讲究，工艺精细。在制作的过程中，要求不加一点荤腥，口感清爽不腻。馅料里包括豆芽菜、绿豆粉皮、木耳、麻酱、油炸面筋、腐乳、香干、香菜等10余种食材，佐以香油调和。蒸制好的包子面皮洁白，暄软蓬松，状如菊花。每个包子大小均匀，褶花整齐，吃起来鲜香爽口，味道纯正，令人回味无穷。因制作食材健康绿色，具有一定的营养价值。

“石头门坎”素包的创始者已无从考证，后代传人学习了这门手艺，使这道美食得以流传下来。后来，“真素园”因经营不景气倒闭，至20世纪50年代才在鸟市、东坊楼、西北角文昌宫等地恢复经营。1985年，石头门坎素食店在南市食品街开业，主营“石头门坎”素包，吸引了众多顾客前来品尝。后代传人坚持标准，不断精进制作手艺，继续将老字号风味发扬光大。1987年，“石头门坎”素包获津菜烹饪大赛风味小吃群星杯奖。之后，“石头门坎”素包继续提升产品的质量和口味，积极创新素包销售方式，不断收获新的成绩。2000年，被中国烹饪协会评为“中华名小吃”。2009年，被认定为首批“津门老字号”。2011年，被认定为“中华老字号”。2017年，“‘石头门坎’素包制作技艺”入选天津市第四批市级非物质文化遗产代表性项目名录。

如今，“石头门坎”素包在传承经典豆菜口味的基础上，又增添了香椿银耳、香菇油菜、山野菜等多种口味的素包，并衍生出种类多样的各系养生食品，为人们提供了合理膳食的多样选择。“石头门坎”素包始终坚持真材实料、精工细作的要求，用心做好每一个清素鲜香的包子，让人们在品尝美味的同时愉悦身心，享受健康生活的乐趣。

果仁张

“果仁张”果仁制品（南开区档案馆提供）

“果仁张”——中华老品牌，源于清道光十年（1830），历经百余年历史沉淀，是天津的特色美食之一，至今已有四代传承人。2013年，“果仁张”因其独特的口感和制作工艺，被天津市政府认定为非物质文化遗产保护项目。

“果仁张”的果仁制品均以花生仁、腰果仁、核桃仁、瓜子仁、杏仁、松子仁及多种豆类为主料，再配以多种香料和口味调制而成，香而不俗，甜而不腻，色泽鲜美，酥脆可口，久储不绵，种类繁多，代表品种有琥珀花生仁、琥珀核桃仁、虎皮花生仁等。

“果仁张”最初源自清宫御膳房，是一道宫廷御膳，其创始人张明纯随祖上入宫为御厨。他钻研果仁的制作技艺，投入了大量的心血，几经摸索，创制出带斑纹的虎皮花生仁、晶莹柔润的翡翠薄荷榛子仁、鸡心状的奶香杏仁、琥珀桃仁，还有净香花生仁、奶香花生仁、椒盐花生仁等各色果仁小吃。皇帝享用各色果仁，胃口大开，龙颜大悦，赐予“蜜贡张”三字。

经过几代人的努力，“果仁张”连续获得“中华老字号”

“果仁张”店铺（李闻博 摄）

国家认证，两项传承技艺也被列入天津市非物质文化遗产名录。此外，“果仁张”还荣获了“中华名小吃”“津门十大名小吃”“天津市著名商标”等荣誉称号。

2015年，“果仁张”被评为“中华老字号传承创新先进单位”。2016年食品博览会上，“果仁张”荣获了中国旅游协会的

“首届中国金牌旅游小吃”称号，并被老字号委员会评为“百年功勋企业”。2022年，“果仁张”荣获津彩相伴——天津特色“伴手礼”称号。

这些荣誉的获得，不仅彰显了“果仁张”深厚的历史底蕴和卓越的品牌影响力，也证明了其在经营服务、产品质量、社会责任等多方面的优秀表现。“果仁张”以“欲树闻达，唯敬业以为先”为祖训，以其丰富的产品口味、卓越的品质和深厚的文化底蕴，赢得了广大顾客的喜爱和信赖。

崩豆张

提起天津人喜爱的休闲类传统食品，便不得不提百年老字号——“崩豆张”。

“崩豆张”主营各种豆类风味干货小吃食品，迄今为止已有200多年的历史，历经五代传承，因其制作精细、口味独特，历经沧桑而不变，始终是备受天津人喜爱的特色传统食品。

“崩豆张”选料讲究，比如酥崩豆要选用淀粉含量比较高的蚕豆，才能酥香十足，而糊皮崩豆则要选用产自江浙一带的蚕豆来制作，以保证口感。制作过程十分精细，需要经过浸泡、蒸制、去皮、熬馅、封口等工序，才能成品绵密，香味十足。炒制好的豆类干货，香脆但不干硬，撒料均匀，咸甜皆宜，分为高、中、低档三个等次，可满足顾客多样需求。

“崩豆张”最早是作为一种宫廷小吃出现的。清朝中叶，御厨张德才匠心独运，在炒货零食上下功夫，制作了多种干果及豆类小吃，滋味十足，是王公贵族们休闲解闷的不二之选。其中最为经典的糊皮正香崩豆，是用桂皮、大料等多种香料，以及其他辅料，通过焖制、爆炒等工序而成。崩豆外皮油亮，微微蓬起，表皮糊但内里不糊，嚼起来香脆且不崩牙，五香味浓郁，吃完唇齿留香，十分受达官显贵喜爱。

20世纪90年代，第五代传人张有全等人从父亲张国华手中接管“崩豆张”字号，在继承祖传配方的基础上结合现代加工手段，致力于实现传统工艺的创新发展。在产品的口感、口味、外观上推陈出新，研制出许多新型休闲食品，如口味众多的香酥豆果、味道清新的吉利豆等，备受消费者喜爱。

“崩豆张”门店（李闻博 摄）

“崩豆张”产品（李闻博 摄）

2006年，“崩豆张”被认定为第一批“中华老字号”。2013年，“糊皮正香崩豆”和“七美香瓜子”制作技艺入选天津市第三批市级非物质文化遗产名录。2023年9月，“崩豆张”通过了“中华老字号”复核，再次展现出传统工艺的魅力。

历经百年发展，“崩豆张”经营的产品多达几十种，如糊皮正香崩豆、去皮夹心崩豆、去皮麻辣崩豆、香酥豆果、豌豆黄、芝麻花生酥、炒花生等，这些产品见证了老字号的发展与变迁。

祥禾饽饽铺

饽饽，是自明清以来中国宫廷随膳面点的统称，清末开始流入民间。京津两地经营正宗宫廷糕点的字号，皆称“饽饽铺”，饽饽铺里的面点师傅大多身怀绝技，手艺南北并蓄、东西交融。

祥禾饽饽铺的产品主要分糕、酥、饼三类。初代产品是传承宫廷糕点技艺手法制作的古法产品，如贵妃饼、枣花酥等；第二代产品是在传统基础上的轻度创新尝试，如无名糕、一合酥；第三代产品融合了各地口味特色以及西点元素，如松仁奶酥、白团子、黄金竹等。同时，店铺推出的特色系列产品也十分受欢迎，其中有中华传统糕点系列，包括枣泥卷、核桃酥、一字酥、栗子

祥禾饽饽铺店铺（李闻博 摄）

玛、绿豆糕、白皮、京八件等，以及传统节气限定糕点系列，包括定胜糕、九阳糕、五毒饼、桃花符等。

这一源自天津的中式糕点品牌，是传承逾百年的非物质文化遗产保护技艺。2018年，《舌尖上的中国》纪录片对祥禾饽饽铺进行了专访。2019年，与故宫文化首度进行联名。2018年，“‘祥禾饽饽铺’传统糕点制作技艺”被认定为区级非物质文化遗产。2022年，“饽饽研究院”成立致力研发新产品。同年，被认定为天津市非物质文化遗产，并获得“津门老字号”称号。2023年，在ITI国际美味大奖中，枣泥卷和松仁奶酥获一星奖，五毒饼获二星奖。

2023年正月初一，祥禾饽饽铺携手天津天后宫的首家文创联名店于古文化街开业。开业当天，推出的联名定制产品“天津礼物”正式面向游客出售。由于深受游客喜爱，同年10月，该联名店再次升级，并推出“祈福纳祥·四件福宝”新产品，让人们在身临古街的同时可以品尝到寓意美好祝福的糕点，进一步体验“非遗”的魅力和国泰民安、福气满满的祥和氛围。

祥禾饽饽铺传承百年匠心，不断挖掘天津特色糕点文化，外观设计体现了对传统文化的传承与尊重，特色产品顺应了时代潮流。

皮糖张

“皮糖张”世家祖籍山西长治，自明代起，张家就以熬制传统麦芽糖为生，延伸出的大糖好馅、鸭子尿尿、糖瓜和拔龙糖等产品广受好评，也供应一些药铺。张家一行在北京短暂落脚后，最终定居天津。因手艺高超，不愁客源，生意逐渐红火起来。

在清道光年间，张家的糖果生意由张少公打理，在机缘巧合下，结识了张万年，张万年将“牛皮糖”的制作手艺传授给张少公。自从增加了皮糖产品，生意愈发好做了，随着皮糖被越来越

天津皮糖（汤万忠 摄）

多的人所喜爱，大家对张家的称呼也随之改为“皮糖张”。

清咸丰年间，张家的第三子张延年深学熬糖手艺，掌握了精细熬糖技巧。清末民初，战乱不断，张延年到天津以熬糖为主业养活全家老小。与先祖不同的是，张延年的店铺主要以熬皮糖为主。他熬制的皮糖，不仅在天津受到人们的喜爱，还远销新疆等地。

20世纪80年代，停产了20多年的“皮糖张糖坊”重新恢复生产。1991年，张均把制作皮糖的手艺全部传给儿子张学礼。张学礼很快掌握了工艺和配料，在日常经营中有所创新，除了销售本家“皮糖张”的皮糖，还加入一些传统糖果，如小黄瓜、酥豆垦、洋粉糖、小糖人、叫街麻花以及各种酥糖硬糖、奶糖等。

如今，张学礼的女儿张琦与丈夫黄志勇接过父母的接力棒，重整旗鼓，使“皮糖张”这个老字号不仅焕发青春，还赢得了不少殊荣：2000年被评为“社会公认满意产品”，2010年被认定为“津门老字号”，2011年被认定为“中华老字号”，2012年被中国商业联合会评为“中华老字号传承创新先进单位”。

第五章 文化旅游润津城

天津古文化街是天津人文荟萃之地，文化旅游资源丰富，吸引众多中外游客前来观光旅行，为延续天津文脉、展示天津民俗、促进天津旅游业发展起到了重要作用。

沽上藝苑
天津古文化街

一 古色古香逛古街

1986年1月1日古文化街开街后，古朴典雅的建筑风格和别具一格的津味文化深受游客喜爱。1989年4月，《今晚报》发起评选“津门十景”活动，此次评选在全市引起热烈反响，社会各阶层广泛参与。

天津古文化街北口（李闻博 摄）

入选“津门十景”

根据民意调查确定出“津门十景”评选标准，最终，长城黄崖关、大沽炮台遗址、独乐寺、盘山游览区、海河风景线、水上公园、中环路风景线、古文化街、南市食品街旅馆街、天津电视塔被评为“津门十景”。

关于古文化街，征集到的景点名称主要有津门故里、漕运故里、故里寻踪、古街晴雪、沽上艺苑、三津福地、文街溯古等。

1990年1月4日，经天津市人民政府地名委员会批准，“津门十景”及其命名正式公布，分别为：蓟北雄关（长城黄崖关）、海门古塞（大沽炮台遗址）、独乐晨光（独乐寺）、三盘暮雨（盘山游览区）、沽水流霞（海河风景线）、龙潭浮翠（水上公园）、中环彩练（中环路风景线）、故里寻踪（古文化街）、双

“津门十景”之一“故里寻踪”明信片（陈元祯提供）

城醉月（南市食品街旅馆街）、天塔旋云（天津电视塔）。在此期间，《今晚报》举办“津门十景”征文、摄影有奖比赛，金石篆刻有奖比赛等一系列活动，邮政部门发行了《津门十景》明信片与纪念封。

“津门十景”之一“故里寻踪”邮票图片
（陈元祯提供）

国家AAAAA级旅游景区

2005年，在全国首届中国特色商业街评选活动中，天津古文化街以其深厚的文化底蕴、特有的民俗特色和完善的配套设施，从众多候选景点中脱颖而出，获得“中国特色商业街”称号。同年12月，荣获“国家AAAA级旅游景区”称号。

2007年5月22日，国家旅游局批准天津古文化街旅游区（津门故里）、天津盘山风景名胜区等66家景区为国家AAAAA级旅游景区，其中天津古文化街旅游区（津门故里）是唯一一家开放商业街形式的旅游景区。

2023年3月，天津古文化街被文化和旅游部评选为第二批国家级旅游休闲街区。旅游休闲街区作为一种新型的商业综合体，在传统观光旅游、购物娱乐外增加了更多的休闲体验，进一步凸显了古文化街鲜明的文化主题和地域特色。

2024年9月，天津古文化街旅游区（津门故里）被天津市文化和旅游局认定为第三批市级文明旅游示范单位。

作为综合性文化旅游区，景区内各项基础设施齐备，建设标识引导系统，配有专用盲道、母婴室、星级卫生间、便捷的通

古文化街游客服务中心（由国庆 摄）

讯设施。游客服务中心配有电子商务服务设施，提供免费雨伞、轮椅、婴儿车等，设立红十字会救助站，为游客提供基本医疗救助，全面做好对游客的服务保障。

古文化街的吃住行游购娱

吃　天津地理位置优越，依河傍海，物产丰富，饮食多样且精美，老天津卫人对三餐的口味要求自然也比较高。宫南宫北大街繁华热闹，也是美食聚集地，人们在这一地域更加突出对“吃”的执着追求，将“哏儿”的津味文化融入饮食中，店名别有一番味道，街中有“果仁张”“崩豆张”“皮糖张”，津门食品三绝“桂发祥十八街麻花”“狗不理包子”“耳朵眼炸糕”，展现了天津传统美食的魅力。此外，古文化街还吸收了现代元素，如将中药融入咖啡、茶饮和甜点中，实现传统文化与现代创新有机结合。

住　街区临近海河，周边有天津鼓楼诺富特酒店、全季酒店、天津泛太平洋大酒店、天津海河悦榕庄酒店等各档次酒店，住宿便捷，设计风貌与古文化街的环境融为一体。

行　周边交通便利。公交车：可乘坐至古文化街码头（金汤桥）站（352路）和东北角站（1路、610路、619路、632路、633路、641路、671路、804路、849路、908路、954路），步行即可到达古文化街。地铁：可乘坐地铁2号线或4号线到东南角站，步行约800米可到达古文化街南口。铛铛观光旅游车：天津作为中国铺设有轨电车的首个城市，在新时代焕发出新的生机活力，“津游一号”仿古铛铛车途经天津古文化街站，可游览多个天津市特色旅游景点，仅需购买一次车票便可全天不限次乘车，并免费聆听随车讲解员的讲解。双层敞篷旅游观光车：为游客提供了一个独特的视角来欣赏天津的城市风光。海河游船：在古文化街码头乘船，可以游览海河两岸风景，以及金汤桥（取固若金汤之意，1949年1月15日凌晨，平津战役中人民解放军在金汤桥胜利会师，金汤桥成为见证天津解放的标志性建筑）等景点，夜间乘船，置身于海河中，欣赏沿途两岸的璀璨灯光，别有一番风情。自驾：古文化街周边建设有7个停车场、528个车位，其中含大客车专用停车场，可基本满足游客停车需求。

铛铛观光旅游车（孔令菲　摄）

双层敞篷旅游观光车（李闻博　摄）

古文化街码头（孔令菲　摄）

古文化街码头夜景（王英浩 摄）

游 景区内历史遗迹丰富，有近700年历史的世界三大妈祖庙宇之一——天后宫、600年历史的道教殿堂——玉皇阁、百年建筑——通庆里；还有集妈祖文化、天津地域民俗文化研究及展览、游览功能于一体的天津民俗博物馆；以中国近代教育家、思想家、翻译家严复翻译的名著《天演论》而命名的天演广场；恢复整修后的中国首家官办金融机构——官银号。在街区内重新规划恢复了大狮子胡同、王十二胡同、萨宝石胡同、袜子胡同等多条具有文化历史内涵的老胡同。古文化街两侧绘有很多历史故事等题材的彩绘。古文化街北入口处的地面铺装包含着从唐至清各朝代的12枚铜钱图案，象征着这条街会带来滚滚财源。南入口处地面上铺装铜质的十二生肖印章，既是寓意街区一年12个月人财两旺，还可以根据传统民俗，站在同自己属相相同的动物图案上，将富贵和吉祥带回家。

购　古文化街为众多如泥人张、杨柳青年画等著名非物质文化遗产店铺和老字号“搭台唱戏”，将中华优秀传统文化“唱”出特色、“唱”出津味儿。还有享誉津门的“老美华鞋店”“达仁堂”“联升斋刺绣”等中华百年老字号。

娱　亲水平台每逢重大节假日举办各类文娱演出，如“国粹芳华”京剧专场演出、“‘桥’见海河，邂逅浪漫”、“军歌嘹亮”交响音乐会等节目，市民、游客可在此体验多种民族文化，感受天津海河文化的独特魅力。

天后宫良缘阁院内增设品茗处，添加“良缘茶”；开发张仙阁观景茶座，主推“观景茶”；藏经阁推出游客自取互动方式销售“平安五谷”等。每年春节期间举办的传统庙会和民俗文化节更是异彩纷呈；“妈祖文化旅游节”已成为连接海峡两岸文化交流的重要桥梁纽带。游玩之余，还可选相声茶馆一坐，品茗茶、观曲艺，愉悦身心。

二　博物馆群扬美名

在繁华与古韵交织的古文化街上，拥有着一组熠熠生辉的博物馆群，犹如历史长河中遗落的璀璨明珠，静静诉说着过往的辉煌与智慧。天津民俗博物馆、天津联升斋刺绣艺术博物馆、天津华夏鞋文化博物馆、泥人张美术馆，这四家博物馆各自承载着深厚的文化底蕴与独特的艺术魅力，共同绘出一幅绚丽多彩的历史文化画卷。

天津民俗博物馆

天津民俗博物馆坐落于历史悠久的天后宫古建筑群内，是全国首家民俗类博物馆，也是研究和展示天津地域文化和民俗文化的重要场所和研究基地。

该馆于1986年元旦开放，不仅保留了天后宫正殿及前殿的塑像复原陈列，更是搜集了2 000余件民俗文物。在四座配殿以及藏经阁、张仙阁等场所，设立了以展示天津民俗民风为主题的基本

天津民俗博物馆（李闻博 摄）

陈列。这些陈列涵盖了天津漕运的兴起、渔盐业的发展、天津特有的民间花会表演、衣食住行民俗、婚礼习俗，还展示了各种民间手工艺品，如杨柳青年画、泥塑、风筝、绒花、砖刻等。

该馆经常举办书画、服饰、刻瓷、根雕等各类专题展览活动，同时还有百业画及民间工艺的展销活动。在重大节日，博物馆还会在戏楼和广场上举办传统的戏剧演出和民间花会表演。

馆内的“印象天津卫”展览，精心挑选了民俗生活中的精彩片段，旨在向世人展示天津民俗文化的独特韵味和丰富内涵。

如20世纪二三十年代天津卫过大年的场景。各式各样的彩灯点缀其间，家家户户门上张贴着寓意吉祥的吊钱，八大碗的特色宴席更是展现出天津人对春节满满的仪式感，细致地描绘了天津

20世纪二三十年代天津卫过大年场景（王焱 摄）

人对于衣食住行的独特追求。

独树一帜的天津民间服饰展示。重商风气浓郁、崇尚豪华、追求档次的鲜明特色都从那些鲜艳透亮、工艺精细的服饰中得以体现。这不仅是一种审美，更是一种生活追求。

天津独有的“捞面成席”。一碗简单的面，配上几种精心烹制的炒菜及多种菜码，便可以构成一桌丰盛的“四菜八码”打卤捞面席。

天津民间传统服饰（王焱 摄）

天津面席（王焱 摄）

天津传统门楼的砖雕艺术。其中，“刻砖刘”的砖雕技艺尤为出色，其创始人刘凤鸣以其独创的“贴砖法”刻砖技艺闻名，使每一件作品都栩栩如生，充满生命力。

通过这些细节，整个展馆不仅展示了天津的历史文化与民俗民风，更显现了这座城市独特的魅力和活力。这里是文化的聚集地，也是历史的见证。

展馆门外，环绕墙边的壁画呈现出一幅栩栩如生的早年间天津传统手工业场景，勾起了对于过往行业演进的追忆。

天津老城里的传统砖雕（王焱 摄）

天津传统手工业场景壁画（王焱 摄）

天津联升斋刺绣艺术博物馆

天津联升斋刺绣艺术博物馆位于古文化街妈祖文化园，占地600平方米，犹如一座静谧的艺术殿堂，将传统与现代的刺绣艺术完美融合。

馆内6个展区展示了超过300件刺绣制品。从红山文化的玉蚕，到西周、战国的锁绣、纹绣，再到唐、宋时期文人墨客留下

天津联升斋刺绣艺术博物馆（王焱 摄）

的丰富素材；从明代的顾绣，到清代宫廷御用刺绣，再到现代广为人知的“四大名绣”，充分展现了中华民族刺绣艺术的辉煌历程。

“联升斋”始创于清光绪十九年（1893），是天津唯一一家经营刺绣制品的百年老店，曾因制作精良的刺绣轿子、新娘服饰等在清末风靡一时。2009年6月，“联升斋”被天津市商务委员会和天津市商业联合会授予“津门老字号”称号；2012年8月，被中国商业联合会、中华老字号工作委员会评为“中华老字号传承创新先进单位”。

“联升斋”的刺绣艺术集传统与现代之大成，在承袭苏绣传统的基础上大胆探索，秉持“南北杂糅，中西合璧”的文化特色，结合各地绣品所长及西洋油画的特点，形成了自己独特的风格。

每件刺绣作品都需经历养蚕、结茧、分拣、缫丝、上绷、描稿、配丝、绣制8道工艺，辅以套针、散套针、扁毛针、正枪针、反枪针等多种针法绣制而成。同时在此基础上使用改良的“平绣”针法，结合沈寿的“仿真绣”和“联升斋”独创的“小交叉旋转针法”，将“以线代笔，以针作画”的创作理念充分赋予针与线之间。

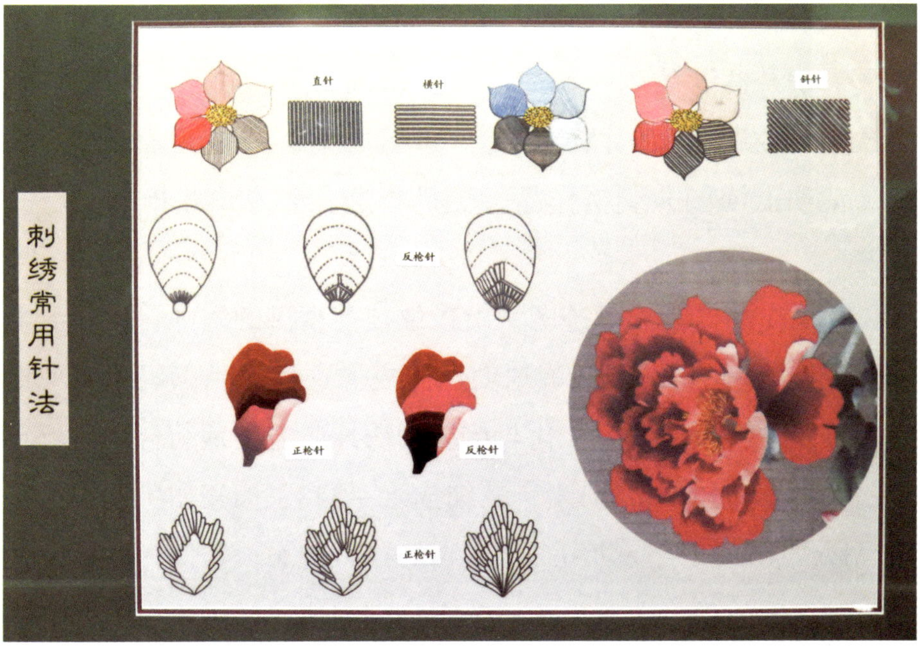

“联升斋”刺绣常用针法（王焱 摄）

“联升斋”刺绣作品（天津联升斋刺绣艺术博物馆提供）

“联升斋”的刺绣作品素以“精细雅洁”著称，具有较高的欣赏和收藏价值。两幅堪称“镇馆之宝”的《天后圣迹图》和《清明上河图》刺绣作品，更是将这一艺术形式推向了新的高度。

刺绣作品《天后圣迹图》由12位技艺精湛的绣师，运用上千种色线，经过3年的精心策划创作而成。这幅作品以妈祖生平事迹为主题，将天津妈祖文化与传统刺绣技艺完美地结合在一起。整幅长卷长达12米，宽1米，精细描绘了348个栩栩如生的人物形象，以细腻的线条勾勒出每个人物的独特神态，仿佛在诉说着一个个动人的故事。至今为止，全国范围内像这样以妈祖为题材的大型刺绣作品仅有《天后圣迹图》。

刺绣作品《天后圣迹图》（天津联升斋刺绣艺术博物馆提供）

“联升斋”绣师正在刺绣（王焱 摄）

天津华夏鞋文化博物馆

天津华夏鞋文化博物馆坐落于妈祖文化园内，2010年5月18日，恰逢国际博物馆日，这个以鞋文化为专题的博物馆正式对外开放。

该馆的展示面积近1 000平方米，内容丰富多样，分为鞋发展史、鞋履民俗、民间鞋品、三寸金莲、精品特展、制鞋技艺和场景复原7个版块。其中涵盖了60多个与鞋相关的专题，展品数量近1 000件。

在“鞋发展史”版块中，参观者可以一览从远古时期到商周、秦汉三国，再到唐宋元明清、民国时期，以及中华人民共和

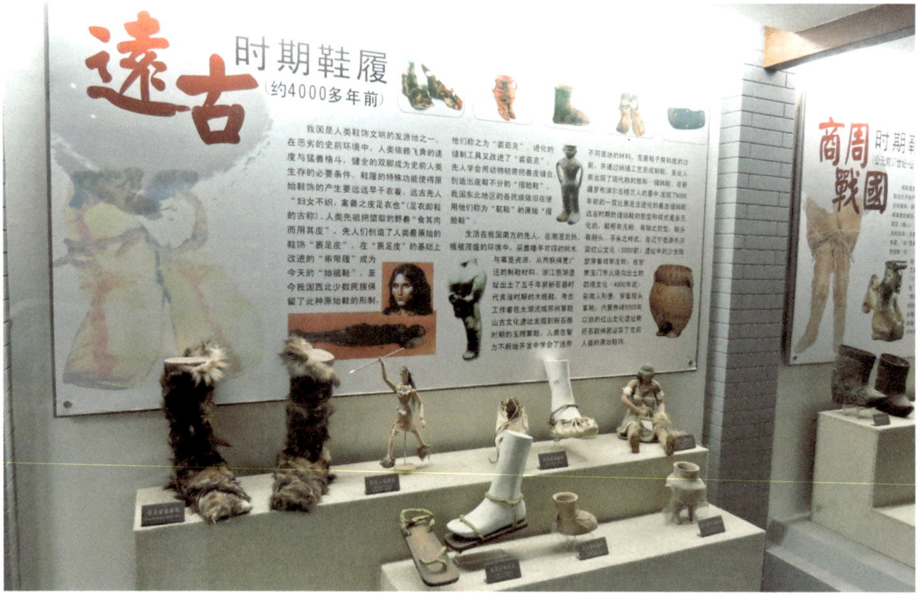

“鞋发展史”展览（王焱 摄）

国成立后等各个历史时期的鞋履展品，深入挖掘鞋文化中蕴含的中国民间民俗风情，充分展现华夏鞋文化的独特性和连续性。

在“鞋履民俗”版块中，展现了人一生走过的旅程，从求子、出生到成长、结婚，再到年老、逝去，每一个阶段都与鞋履有着深深的关联。

“老美华”的制鞋工艺更是讲究至极，共分为8道工序：粘、拉、调、配、套、沿、绱、排。而“老美华”的4款鞋子——传统坤尖鞋、绣花鞋、杭元鞋以及深受老年朋友喜爱的骆驼鞍鞋，其制作技艺已经荣列国家级非物质文化遗产名录。“老美华”坚持使用传统的麻绳纳底工艺，每一平方寸之内都恰到好处地缝制了九九八十一针，一针不多，一针不少，彰显了工匠精

“老美华”老店牌匾（王焱 摄）

鞋面制作工艺展示（王焱 摄）

制鞋工人泥塑（南开区委宣传部提供）

神的独特魅力。

绣花鞋的刺绣手法沿袭了东方装饰艺术的唯美风尚。绣花鞋的绣纹内容源自于日常生活，花鸟草虫千奇百态，飞禽走兽跃然欲出，瓜蒂花果繁茂丰盈，山川风物壮丽秀美，戏剧人物栩栩如生。吉祥图案如莲生贵子、榴开百籽、双蝶恋花、龙飞凤舞等，无不寓意着生命的繁衍和人生的美满。

博物馆中的“百履墙”展示了男女老少不同款式、不同地域风格的100双鞋子，此为建馆之初采纳了冯骥才先生的建议而建，是博物馆的一大亮点。

在中华广袤的土地上，不同地域、不同民族的人们采用各自独特的材质和制鞋方式，创造出种类繁多、各具特色的鞋文化。

百履墙（王焱 摄）

每一双鞋都是一种地域文化的体现，100双鞋也只是华夏鞋文化中的沧海一粟。

“五里不同风，十里不同俗”，正是这些形态各异的民间鞋履的真实写照。在“百履墙”的正中间清晰地刻着“行必履正”四个大字，这是对人们行为的规范，也是对做人正直的期许。

“老美华”以博物馆为媒介，向公众展示了一部岁月长河中的珍藏史册，折射出品牌的深厚底蕴与文化积淀。

泥人张美术馆

泥人张美术馆坐落于通庆里四号院，该馆每一件展品都经过精心挑选和布置，旨在为观众呈现一个生动、立体的文化世界。

“泥人张”第四、第五代传人深知博物馆对于保存传统文化的重要性，他们在20世纪80年代便开始构思筹建专门的“泥人张”博物馆。当时，许多人纷纷将自家珍藏的“泥人张”彩塑作品捐赠给张家，这些作品历经岁月沉淀，如今在

“泥人张”彩塑作品——钟馗（刘展荣 摄）

泥人张美术馆（李闻博 摄）

美术馆中焕发新的生机。

除了彩塑作品外，他们还非常注重历史资料的收集和整理，用心收集并加工整理了大量的历史资料和照片。这些珍贵的资料见证了“泥人张”家族的辉煌历史和彩塑艺术的传承。

“泥人张”历经200年的流传与发展，2003年，第六代传人张宇建立泥人张美术馆并担任馆长，为更多的研究者提供了一个广阔的平台，让更多的人能够近距离地感受到这一艺术的魅力。泥人张美术馆如今已经成为天津旅游的一处网红打卡地。

“泥人张”彩塑艺术品行销海内外，成为中国传统文化的重要代表之一，不仅为人们带来了艺术享受和视觉盛宴，更为世界文化交流作出了重要贡献。

三 茶馆相声显津味

相声艺术起源于华北，流行于京津冀，普及于全国及海内外，是一种以说、学、逗、唱为主要表演形式的民间曲艺，是扎根于民间、源于生活、又深受群众欢迎的曲艺表演艺术形式。天津这座城市，在中国的相声发展史上有着浓墨重彩的一笔。

天津茶馆相声

改革开放后，电视机的普及助推了相声艺术走进千家万户，但也使相声慢慢失去了本该有的艺术魅力。为了扭转相声发展的颓势，天津的一批老相声演员选择让相声回归茶馆，重拾老一辈面对面、脸对脸的表演方式。

1998年被视为天津茶馆相声复兴元年。时年77岁的于宝林带着冯宝华、尹笑声、黄铁良、佟守本等演员组成“众友相声队”，在燕乐茶馆恢复了中断近30年之久的茶馆演出，重新点燃了天津人对相声的热爱，有评论家称此举为“相声这才回到了自己的沃土上”。从此，天津的茶馆相声日益红火，并成为天津一道独特的文化风景线。同年，天津成立了全国首家民营相声社团“老艺人相声队”（后更名为“众友艺术团”），天津市民营相声团体不断发展壮大，涌现出“名流”等一批民营相声团体，天津的小剧场（茶馆）相声已成为天津喜闻乐见的曲艺表演形式。目前，天津专营相声的茶馆和小剧场有70家左右，日均演出多达数百场。

传统的相声段子除了具备娱乐属性之外，很多作品都通过故事和人物传达给听众一些东西，有反映生活的，有科普小常识的，有讽刺丑恶的，有劝人向善的，总之就是八个字：惩恶扬善，弘扬正气。而当今的新相声，大多则以逗乐为主，把娱乐特点发挥到极致，将相声渗透进了千家万户。但无论是哪种形式，相声都是当今人们在忙碌的现代生活下放松心情的优选。天津的茶馆相声比较平民化，在茶馆听相声比在正规剧场里随便多了，也亲切多了。不太大的剧场，舞台只比观众席高几个台阶，距离也挨得很近，台下观众喝着茶水、嗑着瓜子，偶尔与台上演员进行着互动，该叫好的时候叫好，该鼓掌的时候鼓掌。

在天津，听茶馆相声已经在全国叫响，茶馆相声观众里，他们有的是把听茶馆相声作为来津旅游的一项内容，有的则是专程从北京、河北、山西、山东等地赶来的观众，外地观众所占比例越来越大。在相声爱好者中，是否到过天津听茶馆相声，已经成为衡量相声欣赏等级的一个重要标准。台上一块醒木、一把折扇、一条手绢，演员穿着长袍马褂，口若悬河、妙语连珠；台下数十上百位观众笑声不断，掌声不绝……表演原汁原味、形式贴近群众、票价相对低廉，使得天津茶馆相声越来越火爆。茶馆相声文化已成为鲜活的天津城市人文旅游风景。

古文化街的茶馆相声

在天津已有的相声茶馆中，南开区就占有20多家，且其中相当一部分坐落于古文化街，已成为展示天津相声艺术的重要窗口。第一个进驻古文化街的名流茶馆是公认的天津相声茶馆的“旗舰店”。说它是“旗舰”，不仅因为它已经在天津成功开设了4家连锁店，拥有最多的相声观众，还因为该茶馆是天津最早专门表演相声的茶馆之一。新馆面积350平方米，有240个座位，内部装饰典雅，格调以传统的中式装饰为主，深褐色调，别具一格。多功能的舞台音响、灯光，能适应相声、鼓曲等多种门类的艺术形式进行表演，是天津市较大规模的戏曲演出场所。

名流茶馆古文化街店于2007年2月14日开业。开业当天，天津市曲艺界花五宝、王毓宝、苏文茂等名流到场祝贺。开业之际，天津相声名家苏文茂、魏文华、侯长喜、刘俊杰，天津市曲艺团鼓曲演员王莉、张楷、刘渤扬，天津市九河相声团连演6场精彩的传统相声和鼓曲节目，喜庆新春佳节。开业后，天津市

天津名流茶馆古文化街店内，相声演员刘春慧和庞军正在为观众带来精彩表演（王英浩 摄）

曲艺团和天津市北方曲校的李伯祥、魏文亮、马志明、于宝林、田立禾等老一辈相声表演艺术家都是茶馆的“台柱子”，这让小小的名流茶馆一下子名闻遐迩、火爆津京。不止一位外地客人说过：“不听名流茶馆原汁原味的相声，就等于没到天津。”可以说名流茶馆见证了天津茶馆相声从步履蹒跚到走向辉煌的全过程。作为一家民营企业，多年来，名流茶馆靠自身的努力，事业越做越大，还成立了“名流茶馆表演艺术团”，仅相声演员就达五六十人。名流茶馆的发展之路其实也是天津多数相声茶馆的发展之路。2024年10月，名流茶馆入选第二批天津市级非遗传承体验基地。

“宝和轩”茶楼坐落于古文化街，是历史最悠久的相声茶馆。该茶楼于清光绪十一年（1885）在老城厢北门以西路北开业，是津门最早的杂耍园（1949年7月，全国第一次文代会将“杂耍”更名为“曲艺”），也是保留至民国初年的“四大轩”之一。津门四大书法家之一的孟广慧曾为“宝和轩”题写牌匾。

1936年出版的《天津游览志》记载，天津知名的书馆有36

孟广慧题匾（“宝和轩”提供）

“宝和轩”茶楼实景（“宝和轩”提供）

家，以“宝和轩”为首，它也是“十大轩”中营业时间较长、生意始终兴盛的一处。1956年，“宝和轩”实行公私合营。1966年以后，“宝和轩”停止演出活动，结束了它在天津演出曲艺80年的历史。

2022年，经过近百年时代变迁，“宝和轩”茶楼以崭新的面貌出现在古文化街，在装修风格上既保留了茶楼的历史面貌，又与新时代相结合，将现有留存原“宝和轩”茶楼窗柩等许多有历史特色、文化底蕴的老建筑物品，在新剧场装修装饰时再次利用，将名家字画重新挂上墙壁，全方位呈现在观众面前。

时代需要相声，人民需要笑声。如今，以古文化街旅游窗口为代表的天津茶馆相声还在不断拓展，承载着历史记忆和民间智慧的天津相声，正不断与时俱进，努力满足广大观众需求，为天津打造特色鲜明的文化旅游目的地城市增光添彩。

四 风味小吃香满街

“吃尽穿绝天津卫”，天津人向来在吃上不亏待自己，爱吃也会吃。天津的饮食文化得益于独特的地理位置和丰富的物产资源，海纳百川，别具一格，各种特色小吃更是滋味十足。如茶汤、煎饼馃子、锅巴菜等等，每一道小吃都承载着浓厚的地域特色和风俗人情，酸甜辣咸，各具风味。

茶汤

茶汤是天津的传统风味小吃，虽叫“茶汤”，但非茶也非汤，是冲制而成的面糊状食品。冲茶汤要用专门的“龙嘴大铜壶”，壶把和壶嘴处镶嵌铜龙，每当师傅倾下身子倒水时，龙须尖上的红绒球便会晃晃悠悠地摆动着，十分灵动可爱。

以前，卖茶汤的小贩是挑着担子走街串巷，遇到顾客随停随卖。后来，多为在街边摆个小摊售卖，摊子前总会吸引好奇的行人驻足观看，成为街头的一道有趣风景。

冲茶汤（李闻博 摄）

茶汤的主料最初是糜子面，后来演变为秫米面（即高粱米面）加少许糜子面。先将过筛后的茶汤粉用少许温水化成糊状，然后用沸水冲沏，撒上果干、芝麻等配料就大功告成。冲茶汤是个技术活，如果冲的动作笨拙不好看，仿佛茶汤的味道也会大打折扣。水烧开后，师傅左手托碗，右手执壶，倾斜铜壶使沸水冲入碗中，随后迅速将碗向外拉去，来回之间，面糊被冲至杏黄色，不洒不溢，香气四散开来。

香甜的茶汤（李闻博 摄）

如今，茶汤的配料已十分丰富，有芝麻、花生碎、果干果脯等多种小料，味道香甜爽滑，风味十足。在古街上闲逛之时来上一碗甘甜的茶汤，欣赏一下师傅冲茶汤的绝活，在收获美食的同时也能大饱眼福。

糖画　糖人

糖画即以糖作画，成品既可以观赏，又可以食用，是儿童非常喜欢的一种“小玩意”。

糖画一般以红糖、白糖及饴糖为原料。开始制作前，糖画师傅便已在心中画好了“草稿”，舀起一勺熬好的糖稀，手腕翻飞，在石板上快速地勾勒出一幅幅图案，绘制完成后，粘上竹签，从边缘处将糖画一点点铲起，做好的糖画晶莹剔透，惟妙惟肖，带着甜甜的蜜味儿，让人心生喜悦。

绘糖画（杜怡茹 摄）

糖画的题材广泛、造型众多，包括各种人物形象、飞鸟走兽、生活情景等。有的糖画摊子上会放一个绘有如“飞龙”“灯笼”“金鱼”等图案的圆盘，经过旋转后，指向的图案就是师傅要绘制的造型，这种随机的选择方式为糖画增添了几分新奇有趣。

吹的糖人和画的糖画又有所区别，更加立体。吹糖人的糖料多为麦芽糖，更有韧劲，便于吹出形状。取一小撮糖球，在中间按出一个小坑，将收口处捏住，拉扯出一条细细的“小尾巴”，从“尾巴”处向糖球内吹气，一边吹一边用手塑形，糖胚逐渐被捏成圆润丰满的各种造型，最后把“尾巴”弄断，粘上竹签即可。吹糖人的师傅经过千百次的操作，转眼间就能吹出“葫芦”“老虎”以及形态各异的花鸟鱼虫、人物百态，栩栩如生，鲜活可爱。

随着时代进步，糖人艺术也在不断变化发展。如今，糖人造型更加多种多样，不仅有传统的吉祥图案，也增添了许多与时俱进的艺术形象。在制作方式上，也不再局限于手艺人自做自卖，顾客们也能够参与进来，自己亲自吹一个糖人，在互动中获得更

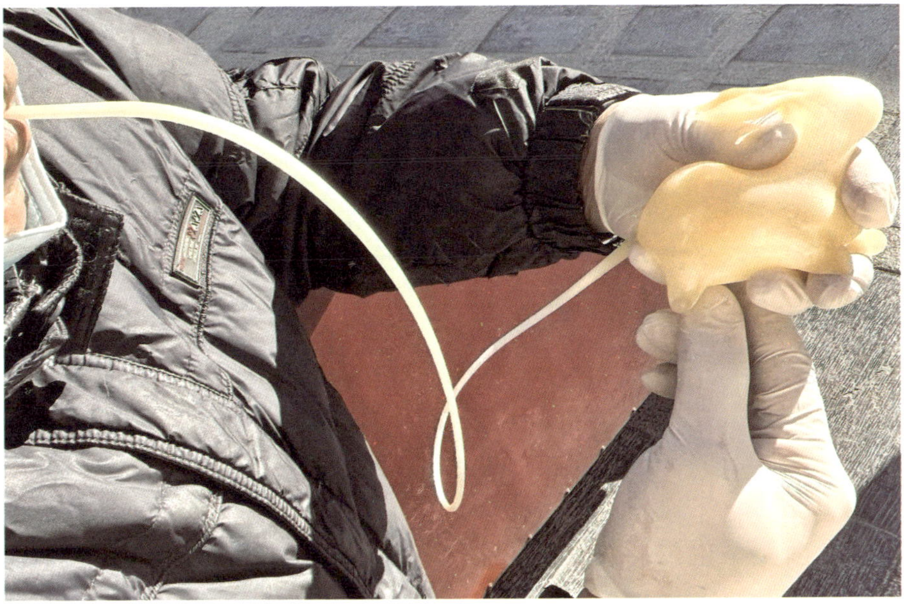

古文化街上的吹糖人（杜怡茹 摄）

在街上体验吹糖人（李闻博 摄）

沉浸、更有趣的体验。

大梨糕　熟梨糕

“大梨糕大梨糕，吃了不摔跤。”这句顺口溜讲的就是天津特色传统小吃——大梨糕。

大梨糕的制作并不复杂。将水和砂糖慢慢加热，熬到微微出焦香味的时候加入干酵母粉，糖液好似吹气球一样迅速膨胀，将糖液倒出冷却定型之后即成。虽然被称为“大梨糕”，但其实它和梨一点关系也没有，也许是人们将它和天津的俗语“吹大梨”（意为“吹牛皮”）联系起来，冠以此名。

大梨糕呈淡黄色，因为发酵的原因，内部带有细密的蜂窝状气孔，形似发糕。吃起来香香脆脆，甜味为主，略带些焦苦味儿，味道独特。

熟梨糕也是老天津孩子们的童年记忆。旧时在宫南宫北大街周边，经常有卖熟梨糕的小贩推车或者挑担沿街叫卖。不过，熟梨糕与梨也没什么关系，有一种说法是早年小贩卖糕时吆喝的是“熟哩儿——糕”，“梨”与“哩”字相通，久而久之，人们就把这种糕点称为“熟梨糕”了。

熟梨糕的主料是大米粉渣。制作时，先将碾好的大米末稍微加上一点水，倒入木甑中轻轻刮平，然后上锅蒸制。蒸好的熟梨糕类似小碗，圆润可爱，可以根据口味抹上各色各味的馅料。最初的馅料只有白糖、红果、豆馅三种口味，后来增添了巧克力、

制作熟梨糕（杜怡茹 摄）

熟梨糕（由国庆 摄）

苹果、蓝莓、橘子等多种类型。原味的熟梨糕口感软糯香弹，带有淡淡的米香，加上小料后，既有了果味的清新，又保留了米糕本身的香甜，色彩缤纷，甜而不腻。

如今，还能在古文化街上看到卖这些小吃的小摊，小小的一块熟梨糕，承载着天津孩子遥远的追忆，让人回忆起无忧无虑的童年时光。

药糖

药糖是天津的一种传统食品，原料中包括多种中药材，因而具有一定保健效果，口味丰富，颇具特色。

早年间，卖药糖的小贩一般都是在胸前挎一个镶玻璃的匣子沿街售卖，大匣子里分隔成若干个小格，一格一种药糖，排列整整齐齐，方便挑选。为了吸引顾客，小贩们都会大声吆喝，比如“卖药糖嘞，哪位吃了我的药糖啊，又酸还又凉哎……”“吃块药糖心里顺气儿，含着药糖你不困儿……”一声声吆喝悠长响亮，犹如唱曲一般，把药糖的特点和功效都唱了出来，平添一份趣味。

吆喝卖药糖（南开区融媒体中心提供）

制作药糖需在熬好的砂糖中加入各种中药材，如红花、薄荷、木香、砂仁、玫瑰、川贝、生姜等，用料讲究。在熬糖的过程中，火候尤其重要，时间把握得准确，才不会破坏药性，还能保留中草药特有的清香味。将熬好的糖浆倒在干净的石板上，晾凉后揉搓成条，即可切块出售。

最典型的药糖当数茶膏糖。据说，茶膏是中药铺熬甘草剩下的黑褐色膏状物，保留了一定的药效。后来，人们尝试加入一些配料改善效果，逐渐演化为茶膏糖。每当咽痛胃胀的时候，含上一块药糖，从嗓子里冒凉气儿，身体的不适仿佛也被这股清凉爽快一扫而光。

煎饼馃子

煎饼馃子可以说是天津美食的代表之一，它的产生也展现了天津饮食文化的融合与发展。据说，随着天津近代漕运贸易的繁荣，大批外来人员聚集于此，他们带来了各种家乡美食，如山东的煎饼，天津人结合本地饮食习惯，将其改造成颇具津味的特色美食——煎饼馃子。如今，提起天津有知名度的小吃，人们总会想到它。

传统的煎饼馃子使用纯绿豆面调制面糊，不加其他面粉，这样的绿豆煎饼柔软有韧劲，带有独特的豆香。摊面皮时讲究薄厚均匀，不粘不糊，不破不漏。待面皮略微定型后，打上鸡蛋，撒上葱花和芝麻，佐以炸过的甜面酱、调和好的腐乳和辣酱调味，

摊煎饼馃子（冯涛 摄）

最后卷上馃子或者馃篦儿，一套地道美味的煎饼馃子便大功告成了。

煎饼馃子（冯涛 摄）

早年间，煎饼馃子还是供晚归的人们果腹的夜宵，如今，从清晨至傍晚，煎饼馃子摊前总会有人光顾。一套朴实无华的煎饼馃子，代表着天津人对于传统味道的坚守与热爱。

锅巴菜

锅巴菜（刘芮 摄）

锅巴菜，天津话称“嘎巴菜”，是一道具有浓郁天津特色的地方小吃。关于锅巴菜的来历，有各种各样的民间传说，有说乾隆皇帝南巡路过天津，在一家煎饼铺里吃到了这种食物，十分赞赏，便赐名为锅巴菜；有说一书生落魄时曾被一位婆婆以锅巴菜救济，书生考取功名后回来报答恩人，锅巴菜从此便流传开来；还有说因为山东地区旧时就有泡着吃煎饼的习惯，一些在天津生活的山东人就把这种吃法带了过来，制成吃食以此谋生，并且将汤水改为更为浓郁的卤汁，逐渐演变成更合天津人口味的锅巴菜。

锅巴菜的重点在锅巴和卤汁上。锅巴即煎饼面片，一般由绿豆面（或加少量小米面、杂米面）制成。摊好的煎饼晾凉回软后，切成约指头宽、两头尖尖的柳叶状锅巴条。制卤汁时，以清油煸香葱、姜、茴香，加入盐、八角、五香粉、酱油等多种调料和香料，最后用淀粉勾芡而成。一碗合格的卤汁，应该醇香浓稠，吃到最后也不会澥。

切好的锅巴放入卤汁内稍微浸泡，盛于碗中，浇上麻酱、腐乳汁、辣椒油，再撒上翠绿的香菜末。一碗锅巴菜色泽分明，柔和润滑，与烧饼、大饼搭配起来更是相得益彰，吃完唇齿留香，回味无穷，别有一番滋味。

第六章 厢风卫俗看古街

宫南宫北大街自明代初具规模以来，越来越繁华热闹，对天津的城市经济贸易、社会生活、文化艺术、民俗民风等诸多层面产生了重要影响，流传至今。

一　万人空巷赶皇会

传统游艺民俗在天津有着丰厚的历史文化积淀，素来为百姓喜闻乐见。天津民俗歌舞演艺大多以一个相对独立的民间组织——“会”的形式公开展演，华美绚丽、煞有气势的各路花会，融汇了民俗民风、风物传说等诸多内容，展示了天津人文生活中豪爽、热情的性格。

说起皇会在天津的出现与发展，不能不提到康熙皇帝和乾隆皇帝。皇帝到天津来，接驾与送驾是必有的仪式，隆重至极。天津富商和百姓纷纷操办起各种形式的“会”，加入到迎送仪仗中。北门外浙绍乡祠中有几面大鼓，每逢新春佳节或喜庆之日，这里的人总喜欢击鼓增添欢快的气氛。传说有一年康熙皇帝南巡过津，“乡祠大鼓”前往迎驾，动听的鼓点儿与娴熟的鼓技博得龙颜大悦，康熙御赐鼓者黄马褂。后来，当乾隆皇帝在津再次见到身穿黄马褂的鼓手时有所感触，又赏黄衣。两朝御赐，天津皇会由此扬名。

关于皇会，天津民间更广泛的另一个版本也是有眉有眼：有一年农历三月二十三，天后娘娘诞辰庆典之期，乾隆皇帝下江南的龙船正驶过三岔河口，与岸上几路欢歌起舞的花会队伍不期而遇。圣上驾到的消息在热闹的人潮中如飞一样传播，其他各路花会也闻讯蜂拥而至，竞相为皇上表演精彩节目。乾隆见人们载歌载舞，大为欣喜，特赏捷兽会每人黄马褂一件，赐鹤龄会每人金项圈一个，赏扫殿会龙旗两面。

关于皇会的得名，《新校天津卫志》中有明确记载："前代圣祖、高宗南巡，曾驻跸天津。天津乡人演作戏剧，用备临览，或作神仙故事，或作乡俗形象，有以童子数十人各持小铜钵，舞跳之始，伏地排'天下太平'四字，颇近古人舞法。回銮后，再逢驻跸各戏技艺生疏，因于每年天后诞辰赛会之期一演试之，此皇会之名所由来也。"

传统天津皇会的会档（种类）大致分为三类：一是服务性质的，如扫殿会、净街会、请驾会、梅汤会等；二是仪仗性质的会，如门幡会、太狮会、广照会、宝鼎会、接香会、日罩会、灯

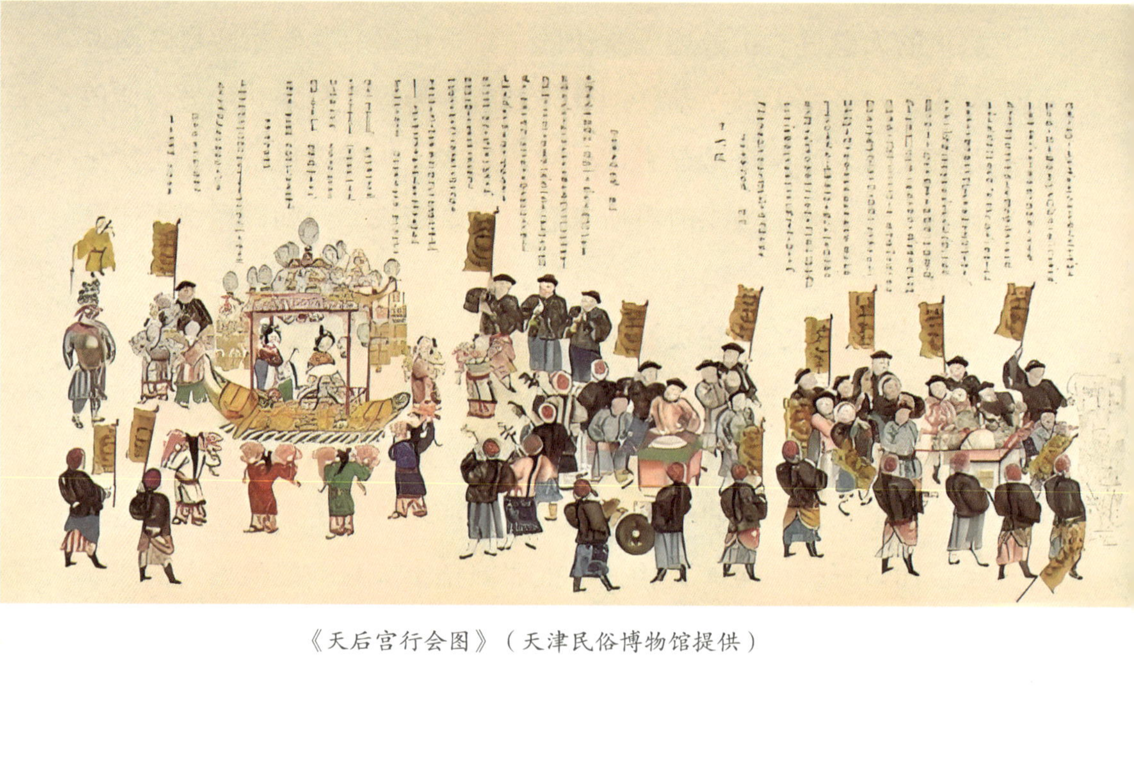

《天后宫行会图》（天津民俗博物馆提供）

罩会、銮驾会、华辇会、护驾会、灯亭会、鲜花会等；三是以各类乡村民间花会为基础的表演，涉及内容相当广泛。团体表演以“会”的形式出现，“会”的数量少则二三十道，多达百道。皇会的内容也非常丰富，包括杠箱、鲜花、法鼓、门幡、秧歌、提炉灯、大乐、高跷等40多种。

妈祖民俗在天津深入人心，每年天后诞辰庆典的前后数日，民间出会演艺已成为百姓除春节之外最盛大的民俗节日。各路花会集结在天后宫，随妈祖出巡，依次伴随，各家纷纷亮出最精彩的节目、最高超的演技，沿街献艺，观者如潮，万人空巷。

据《天津县志》载，“先之以杂剧，填塞街庙，连宵达旦，游人如狂”，可谓“百戏云集，光怪陆离”。清代诗人崔旭在《津门百咏》中进一步描述了天后宫出皇会的盛况：“逐队幢幡百戏催，笙箫铙鼓响春雷。盈街填巷人如堵，万盏明灯看驾来。”

皇会队伍虽是民间自发而成，但组织严密，协调规范，秩序井然，异彩纷呈的表演场面极大满足了百姓的文化娱乐需求，成为城市文化精神的凝聚与展现。旧年会期内，各地来津的货物一律免税。政策利好，万货云集，南来北往的客商迅速成交，形成了规模庞大的物资贸易交流会，“数日卖货，亦利市三倍云”。

1936年，在天津市政府的支持下，天后宫再度出皇会，这也成为老天津皇会活动的“绝响”。幸运的是，当时鼎章摄影公司拍摄了大量照片，为后世留下了宝贵资料。另外，民国年间也有画家以时事新闻图画的形式描绘过皇会花絮，曾见诸报端。

1936年出皇会（天津民俗博物馆提供）

值得一提的是，清代彩绘《天后宫行会图》现珍存于中国历史博物馆，89幅图画中描绘了105道皇会表演，涉及4 000余个栩栩如生的花会人物形象，历史文化价值凸显。

老天津人办事讲规矩，特别是为天后娘娘服务，更是马虎不得，什么事都得有板有眼，比如出皇会的路线、各会出宫的先后顺序等。

关于皇会出行路线，以1936年出皇会的路线为例，这是民国时期最后一次出皇会，计划路线大致如下：

农历三月十六日，由天后宫起驾，经宫南大街、磨盘街，进东门，出西门，过横街子、韦驮庙，入千福寺。

三月十八日，由千福寺起驾，经双庙街、铃铛阁、太平街、针市街、估衣街、毛贾伙巷、宫北大街，回天后宫。

三月二十日，起驾出宫，经宫北大街、大胡同、金钢桥、大经路、天纬路，到市政府（西辕门进、东辕门出），过估衣街，进北门，出东门，走袜子胡同，回宫。

三月二十二日，出宫，经磨盘街，进东门，出西门，走西马路、南阁、针市街、北马路、东马路、袜子胡同，回宫。

三月二十三日，宫中祝寿庆典。

再说出会的先后顺序。第一为门幡会，门幡黄地青字，系在高竿子上。二是太狮会，此会有道具，模拟天后宫山门内的两只石狮子，很威武。三为报事灵童会，该会可见小演员，儿童打扮成探子样，短衣束带，还带着令旗，小演员在抬阁上，有人抬着他们。四是中幡会，中幡镶边绣花，高一丈六，徐肇琼在《天津皇会考》中说，此会大多是厨师行的。第五为跨（挎）鼓会，十几个壮小伙儿挎着大鼓敲击，还有系着铛（响器）的，另有16个小孩各拿两个小钹，他们能用小钹堆为"天下太平"字样。六是杠箱会，两人用大竹竿抬着漂亮的箱子，边走边舞，晃动箱

当代"皇会"表演（王焱 摄）

子，不时取笑逗乐。七为杠箱官会，“官人”一手拿扇子，一手拿大烟袋，骑在骆驼背上表演。八是捷兽云狮会，一众演员装扮成太狮、少狮，他们欢腾跳跃，摇头摆尾，很热闹。九为高跷会。十是十不闲会，大家抬着幼童数人，小孩们轮流唱歌……

接下来还有重阁会、抬阁会、爬竿会、地秧歌会、灵官会、宝塔（灯亭）会、华盖会、鲜花会（参与者与小孩出天花顺利还愿有关）、花童会、大乐会、鹤龄会、銮驾会等。

到了第二十四方阵，就要有请五尊娘娘圣像了，即子孙娘娘、斑疹娘娘、眼光娘娘、送子（送生）娘娘，最后压轴的是天后娘娘圣像。此后，还有接香（护驾）会，一干人马抬着几口大锅，收取信众手中的香火。

天后娘娘出巡（南开区融媒体中心提供）

行会之所以在顺序上有一定之规，是因为编排的主事人需要考虑到各会之间的动静结合、高低有致、文武错落、歌舞搭配等因素，还要尽量避免各会因谁先谁后产生不愉快的情绪。其实，每次出会因参与演员、经济条件不尽相同，每年排序也不完全相同，求大同存小异，保持基本架构即可。

酬谢天后娘娘就要兴高采烈、热热闹闹，传统高跷会尤其适合。

高跷表演（南开区融媒体中心提供）

天津素有“高跷之乡”的美誉，津派高跷至迟在清乾隆年间就已出现，清朝文人杨一昆在《皇会论》中称：“秧歌高跷，数见不鲜，唯有那溜米厂高跷人人称赞。”天津高跷以激情奔放、刚劲舒展、诙谐富趣而闻名四海，历史上曾有120余道高跷会遍布津沽大地。

天津高跷的流派主要有京派高跷、冀派高跷、卫派高跷。其中又有文高跷、武高跷之分，文高跷所用的木腿子稍长，二至五尺不等；武高跷所用的木腿子略短，常在二尺以下。

清嘉庆年间，京派高跷传入天津后，很快被天津人借鉴与传承，并融入津沽民俗民风中，发展成为个性鲜明的卫派高跷，至清咸丰年间已趋于成熟。卫派高跷动静相宜，刚柔并济，注重技巧的展示，仅劈叉动作就有撂地叉、盘腿叉、摔叉、抱腿叉等高难度绝技。卫派高跷虽有火烈豪放的一面，但其中的柔美当是更深层面的内涵之一。粗而不野，柔而不媚，快如鸡啄米，慢似风摆柳，这些也是卫派高跷的独特魅力。

卫派高跷常依托戏剧中脍炙人口的角色来扮相，常见剧目有《混元盒》《金山寺》《四杰村》《渔樵耕读》《施公案》《翠屏山》等，但节目内容与戏剧并无太多的关联，形成了“戏中有戏，似戏非戏”的特点。主要角色十几个人，这当中不时也穿插进“外添”的临时演员，起到活跃气氛的作用。

卫派高跷在“老三点儿”锣鼓点的基础上，又不断衍化派生出四点、七点、行会点、下会点、逗花点等各种花点。卫派高跷唱词情趣化、口语化，有独唱、对唱、帮唱等多种表演形式。

卫派高跷中还有专为天后宫出皇会排演的精品高跷会，如东南角的津道鹤龄会、庆寿八仙会，又如永丰屯的西池八仙会等，因这些会有酬神的性质，故又名“皇会跷”或“礼仪跷”。

法鼓一直是出皇会中的重头戏，天津人百看不厌。法鼓源自宗教文化音乐，专为酬神演奏，音乐虽相对简单，但突出和谐、庄严、浩大之感。法鼓乐器主要有鼓、钹、铙、铬、铛等打击乐器，以鼓为主，其他为从属协调。

一般情况下，鼓在演出阵容的中央，左为钹，右为铙，铬子、铛子随鼓后。出会行进过程中遇到停歇或民众“截会”，除了正常敲击外，演员可各自拿着乐器舞耍一番。

法鼓节奏急缓高下有秩，尤其在又急又高时（行话“上擂”），最能博得掌声。

早年间，城厢内外有不少民间演艺团体，各团体谓之“会”，然后各家根据地名、特色等不同情况各自冠名，比如宫音法鼓会、金音法鼓会、东园法鼓会、西园法鼓会等。

按传统，演员大多为当地百姓或家族传承，有子弟会的遗风。另外，代代相传的法鼓会也不在少数。玩会的以自娱自乐为主，人数从六七十人至百余人不等，平常大家都各忙自己的营生，天后娘娘诞辰出会才是最热闹的聚会，各会见了面都彬彬有礼，相互送上大红的拜帖，以示郑重。

直到20世纪30年代，天津民间的法鼓会依然很盛，有资料统计，当时较为知名的会有30家左右，如永音法鼓会（侯家后）、魁音法鼓会（河北关下）、同心法鼓会（南头窑）、西园法鼓会（小园）、振音法鼓会（北门内）、和音法鼓会（锦衣卫桥）、中音法鼓会（盐坨）、广音法鼓会（紫竹林）、涌济扬音法鼓会（盐坨）、宫音法鼓会（天后宫前）、乡音法鼓会（陈家沟子）、同云法鼓会（太平庄）、花音法鼓会（芥园）、同议法鼓会（中营西）、立源法鼓会（镇署西）、霞云法鼓会（项家胡同）、归音法鼓会（东门外）、津音法鼓会（玉皇阁）、亭云法鼓会（西门外）等，不胜枚举。

东园法鼓会和西园法鼓会成立较早。传说明朝燕王扫北时东园法鼓会就随军来到了天津卫，初在紫竹林东园设会址，庚子之乱以后，该会已不能在法租界待下去了，于是迁到大直沽。

西园法鼓会先在大园村，后转小园村接续，他们的演奏、耍练技巧很有自家特色，最出名的节目（牌子）有狮子滚绣球、老河西、蹶腿，以及单裹脑、缠手腕、拉纺车等。

金音法鼓会在大觉庵，成立于明永乐年间，传说是由辛庄、侯家庄、杨家庄、大觉庵四个村合办的，人数达四五百人。金音法鼓会的鼓点很动听，声誉广传。

宫音法鼓会约创办于清光绪年间，会中人多是天后宫前的老居民，他们的道具更讲究，软硬对联、茶筲、茶炊子、圆笼、旗子、灯牌等让人目不暇接，还有两面金色大鼓，架在漂亮的鼓架上，架上又有彩灯等装饰。

旧年的花音法鼓会位于芥园，表演者有八九十人，他们拿手的节目有老河西、新河西、绣球四钹、龙须等，大多数演员都穿着自制的五彩服装。到了20世纪40年代后期，因经济不景气，会中做不起好衣服了，一律改穿蓝布大衫。其实，花音法鼓会与当地的鲜花会是同一组织，为附属性质。

芥园不远处有南头窑，那里有同心法鼓会，演员以附近居民为主，该会分为老人、壮年、孩童三个班，每班30多人，乐器齐全，道具漂亮。出会时若有百姓“截会”，这正是演员一展才艺的好机会，他们尤其擅长表演双龙出水、雷震三山塔、丹凤朝阳、打擂、四不像、老河西、绣球等节目，让人眼花缭乱。

永音法鼓会在侯家后中街，相传成立于明永乐年间，最兴盛时会员有二三百人。表演过程中，演员可把钹或铙抛向空中（行话“出手”）再接住，瞬间仍不停敲，上上下下，真让观众眼花缭乱。赶上喜庆大日子或到庙里拜娘娘，永音法鼓会演员一律穿灰色绸袍、黄缎马褂，上演对联、双桥、狮子、老河西等特色节目，但平常不会演这么多。

井音法鼓会在北马路龙亭前，成立于清乾隆年间，也有传闻说“海张五”的后人投入过资金，将井音法鼓会办得有声有色。“海张五”原名张锦文，清咸丰年间靠贩盐积攒了万贯家财。

法鼓是不可或缺的天后娘娘的随驾演艺，民间口传昔年最红火时有100多道法鼓会，群众基础非常广泛。此外，天津人在庆丰收、贺新年、庙会上也常见法鼓演出。

薪火相传，2008年6月第二批国家级非物质文化遗产名录发布，以挂甲寺庆音法鼓、杨家庄永音法鼓、刘园祥音法鼓为代表的津门法鼓名列其中。

二 中国·天津妈祖文化旅游节

妈祖信仰绵延千年，覆盖几十个国家和地区，信众超过3亿人。以弘扬妈祖文化为要义的各种节会活动林林总总、难以计数，但最早以妈祖文化旅游节统而挈之，当数妈祖信俗源头的福建莆田和北方的妈祖圣地天津。天津能够举办规模宏大、内容丰富的妈祖文化旅游节，与城市自身的特点和发展密不可分。

2000年11月中旬，南开区人民政府和天津市旅游局在策划2001年工作计划时，先后提出要举办“中国·天津妈祖文化旅游节”的动议。“中国·天津妈祖文化旅游节”的创办，既有天津经济社会全面发展的考量，同时也是天津丰硕的历史文化底蕴与城市发展新需求相契合的结果。

首届“中国·天津妈祖文化旅游节”于2001年4月19日至21日举办，被天津市人民政府列入同年改善城市人民生活10件实事。这一节庆活动促成了天津市古文化街天后码头和天后塑像的落成，以及大直沽天津天妃宫遗址博物馆的兴建。构建了以天津、福建、澳门、香港为骨干的联办阵容，邀请到国内外与妈祖文化渊源较深的多个地区的诸多参会嘉宾，形成了以天津天后宫为中国北方妈祖文化中心的格局。

首届妈祖文化旅游节开幕式（天津天后宫提供）

天津天后宫在藏经阁举办了“天津天后宫与天津城市形成和发展”展览，所展300余幅珍贵的老照片和百余件文物藏品，全面展现了天津地域文化的深厚底蕴，第一次深刻诠释了妈祖文化与天津城市的精神血脉关系。同时，举办了“妈祖文化与城市形成与发展”学术研讨会。

从第二届开始，“中国·天津妈祖文化旅游节”由天津市人民政府主办，南开区人民政府、市旅游局、市文化局、市台湾事务办公室、市侨务办公室等部门承办。每两年举办一届。

第三届“中国·天津妈祖文化旅游节”最有创意的亮点是展现了海河文化与妈祖文化的渊源，利用海河河面进行有创意、有突破、有特色的各类活动。此次突破不仅凸显了天津妈祖文化和天津城市因水而生、依水而兴的渊源，彰显了海河现代化综合改

妈祖文化旅游节活动丰富多彩（王英浩 摄）

造的成果，更显示出天津当代国际化大都市特有的风采和实力，成为“中国·天津妈祖文化旅游节”这一品牌节庆活动的经典之作。

…………

时光荏苒，妈祖节活动持续在津开展。第十一届“中国·天津妈祖文化旅游节”于2023年9月26日开启。本届妈祖文化旅游节设置了祈福仪式、启动仪式、皇会展演、妈祖文化学术论坛、文艺演出等环节。活动期间，古文化街还举办了花会展演、现代京剧、相声快板、古装巡游、火凤凰飞天表演、“月满良缘”中秋古琴音乐会、“津派国风”海河文化市集等系列文旅活动。

妈祖文化旅游节至今已举办了十一届，在海内外产生了重要影响，活动的举办不仅弘扬了天津的妈祖文化、民俗文化、商贸文化，同时展现了天津文旅与时俱进的新面貌，对天津市经济社会发展起到了促进作用。

三 腊月年俗“上全街”

年画

“东一张西一张，贴得屋里亮堂堂。”过大年贴年画，喜庆热闹。老天津宫南宫北大街一到春节前夕，就有不少卖杨柳青年画的，为人喜闻乐见。杨柳青木版年画是天津民间传统美术，也是国家级非物质文化遗产。

杨柳青木版年画据传约始于明万历年间，盛于清乾隆年间。著名的作坊画店有戴廉增画店、齐健隆画店，此外还有美丽、廉增丽、盛兴、爱竹斋、宪章、高庆云等画店相继开业。当时，杨柳青镇周围有30多个村庄均从事年画创作和生产。

杨柳青木版年画题材广泛，内容丰富，构图饱满，寓意吉祥，雅俗共赏。它采用刻绘结合的手法，刻工精美，绘制细腻，人物生动，色彩典雅，其中最有名气的是《莲年有余》，莲花取“连”的谐音，鲤鱼取“余”的谐音，颇受人们的喜爱。

杨柳青木版年画的制作程序大致是：创稿、分版、刻版、套印、彩绘、装裱。前期工序与其他木版年画大致相同，都是依据画稿刻版套印；而杨柳青木版年画的后期制作则以手工彩绘为主，将版画的刀法版味与绘画的笔触色调巧妙地融为一体，使两种艺术相得益彰。

卖年画的也爱吆喝，有口彩儿：“白胖小子抱鲤鱼，鱼跃龙门，五福捧寿嘞，贴去吧——”见这一嗓子引来了买主儿，小贩赶紧打开包袱，亮出花花绿绿的年画，并不时报着画名，嘴里还“大爷”“奶奶”地招呼着，“您瞧，这胖小子有红是白的，多喜庆，来一张吧？”“嘿，这画上的俊闺女与您这孙女一点不差吧！”让人心花怒放。

宫南宫北大街上的画店、书店、百货店里的年画一沓沓铺满了柜台，柜台后的年画一直贴挂到屋顶，每张都贴着号码条，方

天津杨柳青年画“五子夺莲”

便买者挑选。柜台前的顾客里三层外三层的，仿佛手慢了那福分就要被别人抢走似的。腊月里，尽管外面天寒地冻，年画店里却让人如沐春风。

历史上，杨柳青年画也有《天后娘娘图》，画面中的天后为坐像，脸部的刻画丰满、华贵，宽大的前额、弯弯的细眉、稳重慈祥的双目俯瞰人世，高高的鼻梁下，一张永含微笑的嘴。这种艺术形象充满亲和力和感染力，表达着丰富的情感，传递着真、善、美。

这张年画在设色上十分注意色彩的视觉效果。画中的天后身着黄袍，而作为五行色之一的黄色象征着至高无上的权力，充分体现了其贵为天后的崇高地位。同时暖色调黄色还起到了引导视觉流动方向的作用，实现了画面信息的有序传递。

杨柳青年画中还有《眼光娘娘图》。此图不仅构图新颖，而且在设色上也大胆使用蓝色与黄色，使画面极为华贵、绚丽。画中眼光娘娘正襟坐于画面中间，头戴金色凤冠、手持人目、双足置于脚踏上，身后圆光普照，头顶双龙、双凤翔空，四周祥云缭绕。这种传统文化中仙境般的天宫设计安排，类似人间最高统治者居住的皇宫，不仅壮大了眼光娘娘的神威，而且满足了人们透过人间想象天界的需要，使观者在礼拜娘娘时情不自禁地产生崇拜与敬畏之心。

剪纸吊钱

天津民俗剪纸风格独特，不同于南方剪纸的纤细秀丽，也不同于北方剪纸的粗犷淳朴，深受杨柳青年画和天津木雕艺术潜移默化的影响。天津剪纸偏重写意，图案刻画精细，线条流畅有力，尤其是线与面的衔接自然柔和，形象栩栩如生。天津剪纸中的花鸟虫兽、仕女景物，线条流畅，纹理清晰，却又不失淳朴豪放。

天津经典窗花“肥猪拱门”

天后宫剪纸在继承天津剪纸传统技艺的基础上，积极探索新的刀法和技艺，采用剪刻、镂空等技法，形成了独特的风格和技艺，以吊钱、窗花、金福喜字的民俗剪纸为主，雅俗共赏，多在每年农历腊月销售。

过年用的吊钱，也称吊笺、门笺、挂笺、门彩、过门钱等，大的可达数尺，小的只有两三寸，其上刻着吉祥图案或文字，迎风飘舞，煞是好看。

吊钱的出现有着悠久历史，早在《后汉书·礼仪志》中就有其雏形的记载。唐宋时代流行“幡胜”，逢立春日，人们用银箔、色布、彩纸剪成饰物或小幡，戴在头上或系在花下，以欢庆迎春，并与相赠送。唐人段成式在《酉阳杂俎》中说：“立春日，士大夫之家，剪纸小幡，或悬于佳人之首，或缀于花下，又剪为春蝶、春钱、春胜以戏之。”民间传说，吊钱的作用和

大红吊钱喜气洋洋（潘永年 摄）

爆竹一样，都是为了驱赶叫作“年”的怪兽，爆竹以其声吓唬“年”，而吊钱则以其色来刺激“年”的眼。

到了清代，吊钱流行于民间，风行于天津卫，成为亮丽的津沽年景，诗人周宝善有云：“先贴门笺次挂钱，撒金红纸写春联；竹竿紧束攒前帚，扫房糊窗算过年。”天津传统吊钱是在大红色染色纸内刻上金鱼、聚宝盆、富贵牡丹、金马驹、老虎等吉祥图案，或刻“福”“四季平安”“合家欢乐”“五谷丰登”“天官赐福”等吉祥词，图文周边还装饰有“卍”、鱼鳞纹、方胜、回纹等图案，下面剪出流苏穗子。吊钱粘挂于门楣、门板、窗户上，红红火火，预示新春大吉。也有人随音附会称“吊钱，吊钱——吊到钱了”，祈愿新年财源滚滚来。老天津习俗，腊月二十九贴吊钱，到正月二十五“填仓日”摘下吊钱。

春联春条

过大年，离不了红红吉祥的春联，它在昔日也俗称春对、对子、年对等。说到门心对和春联，通常平房院子大门的门心对都是选择代表自己家族传统门风的词句，如“诗书传家”“忠厚传家”“勤俭为德”等，而门前的对联则多选代表美好祈望和吉祥的联句。

另外还有“斗方”，即平时见到的“福”字。斗方有大有小，贴的地方也不一样。门上贴最大的，梳头匣上贴最小的。米箱、钱柜、水缸等处要倒着贴，表示“越倒越有”，屋门处绝不可倒贴，以免贻笑大方。有些斗方写的不是福字，而是一种“组合字”，如“招财进宝”“日日见财”“日进斗金”等，被设计者巧妙地组合成一个“合成字”，既表达了字面的内容，又展示了汉字文化的巧妙。

早年间，每逢春节前夕，宫南宫北庙会集市上的对子摊总会有好生意。

摆对子摊的多为一些落魄的文人或不入流的书匠，他们在桌前身后或压或挂几条上书“笔墨书春”“借纸学书”“妙笔生花”之类的红纸条，摆好笔墨纸砚，摊开写满对联词语的小册子（俗称“不求人”），就算开市了。书写好的对联多为“诗书继

热热闹闹的年货摊儿（汤万忠 摄）

世，忠厚传家”“福如东海长流水，寿比南山不老松”等传统吉祥话，字体以楷书、隶书为主。书者也可按人们不同的要求现写现卖。天津的文人好面子，对子、福字写完了，不愿意听顾客直接问多少钱，而习惯听润笔多少。

俗话说，腊七腊八，冻死俩仨。写对子的人手一会儿就僵了，搓搓暖暖；墨汁一会儿就冻了，热水温温。不仅为养家糊口，更为了大家高兴过年。红红的对联，金色的福字，或严整工秀，或神采飞扬，饱含书春者的甘苦滋味。

老天津人贴春联的同时还喜欢贴春条。“春条”一词本指春日花木的枝条，宋代诗人杨备早有“春条拂岸柳如金，一鉴澄空照底深”之句。后来，百姓将一些相对随意随心的红纸条比喻为“春条”。春条可谓春联的姊妹。写春条的纸一般是从红纸的最长边裁下来的窄条，约三四指宽，小短条半尺上下，大长条三四尺长，上书吉祥话、顺口溜之类，内容皆为美好希冀与真挚祝福。春条可贴在院门口、影壁、轩厅堂榭、炕头等处，也是老天津人过年的必备之物。相声大师马三立在《开粥厂》中说到年货时道：“挂钱一百张，街门对、屋门对、灶王对、横批、福字、春条全份……”过去的大宅门、老商铺更讲究贴春条，除红纸手写外，有的还会采用木刻、烧瓷、织绣、砖雕等艺术形式制作春条。

春条的写法不见得像春联那般追求格律平仄，显得更加活泼。一般有1句4个字的，或4句16个字的，甚至更多。4字春条词如“金玉满堂”“日进斗金”“出门见喜”“阖家欢乐”“喜庆大来”“开门大吉”等。4句16个字春条多以“宜入新春”或“宜入新年”4字开头，如“宜入新春，福在眼前，阖家欢乐，人口平安”“宜入新年，年喜相连，连生贵子，子孝孙贤”等，不一而足。有时为了与后面的句子字数相配，也会在“宜入新春”后适当加字，如“宜入新春乐”“宜入新春万象新”“宜入新年春光好”等，后面接句“白面饺子豆饽饽，酸白二菜炒得好，黄白二酒随便喝”，或写“财神炕上坐，出门就见喜，五谷垛成垛”，喜庆之气不胜言表。

春条词句是与时俱进的，20世纪80年代末涌现出“宜入新春乐无边，改革大道宽又宽，人民币装满箱，粮食堆成山，幸福平

20世纪80年代年货市场人流如织（天津民俗博物馆提供）

安”之类的春条。如今，春条日渐衰微，唯“抬头见喜”“出入平安”等小纸条尚有遗存。

绒绢花

天津人好热闹，过大年如不去宫南宫北集市转转，就好像缺了点什么，即使不买东西，只感受一下那份喧闹也是心满意足的，正所谓“红颜白鬓，迷漫于途，数日之内，庙旁各店铺所卖货物，亦利市三倍”，几百年来久积成习。

“称体衣裁一色红，满头花插颤绫绒；手提新买金鱼缸，知是来从天后宫。”老天津人对红红的绒绢花情有独钟，过年期间，不管老太太还是小姑娘都要戴上几朵图喜庆、求吉利。绒绢花又称人造花、像生花，是用丝绒或绢制作的手工艺品，手艺人用红丝绒包缠的铁丝或铜丝作筋骨，按所需花样一点点盘绕塑造而成。津产绒绢花种类很多，大凡花卉、聚宝盆、小动物、喜字等无一不全，其颜色除经久不衰的大红色之外，也有粉色或紫色的。

自岁末腊八开始，街头巷尾随处可见卖绒绢花的小贩，当然，最热闹的地方还得是宫南宫北，卖家纷纷“上全街”，摆出最漂亮、最新款的花儿（一般插在草靶子上）让顾客挑选。

老字号“玉丰泰”名气最大。清光绪三十一年，来自绒绢花之乡武清的卢玉山等人在天后宫开设了“三义厚”绒绢花作坊，所制绒绢花惟妙惟肖，加之人们俗信天后娘娘身边的花儿更

老艺人在制作绢花（由国庆提供）

传统绒花聚宝盆（由国庆 摄）

吉祥，因此，他家的人造花在市内的销路达到了鼎盛。1927年，“三义厚”迁出天后宫，在宫前新设店铺并更名“玉丰泰京花铺”（名“京花”的意思是其花在京城也旺销）。玉丰泰绒绢花在制作技艺上秉承传统，造型推陈出新，受到顾客的广泛赞誉，并出口海外。玉丰泰绒绢花在演艺界也享有盛名，许多演员的“头面”都慕名请他家制作。1946年，卢玉山告老还乡，店铺由王锡传等人经营。

过年时，天津女孩常戴牡丹花、月季花、蜡梅花，老太太们则喜欢聚宝盆、宝相花、双鱼花等。除夕夜，穿着一新的老妈妈盘腿坐在炕上，她们头上的大红“聚宝盆”尤其耀眼，可谓“天津年”的重要标志。儿女绕膝满堂红，妈妈笑着，花儿灵动着，或许只有戴上了红红的花儿，家与年的本源才得以诠释，才获以温馨。此情此景也成为许多儿女最幸福的记忆，人们也因此记下了宫前集。

不仅仅是逢年过节，大姑娘出嫁也必戴绒绢花。若觉得龙凤花、双喜字还不够喜庆，还要加上粉色的月季花、牡丹花来陪衬，珍珠、光片、丝线等镶嵌其中，头上光闪闪的，喜庆热闹至极。参加婚礼的女士不分老幼，也都要戴上红绒双喜字以示庆贺。

改革开放后，天津绒绢花品种更加丰富，吉祥人物、动物、盆景等新款相继问世，所选辅料也日渐多元，技法不断进步，但它们依旧在腊月里应时到节亮相在宫南宫北。有的艺人还结合每年生肖，设计出生肖与传统图案相结合的红绒花，尤其抢手，甚至成为有心人的系列意趣藏品。

爆竹与玩具

宫南宫北大街好似天津人的购物中心，平常的儿童玩具、过大年之际的烟花爆竹都是好销的快货。《天津过年歌》说："大花筒，小南鞭，盒子八角，月落金盘，起花钻天似火箭，天响地响真讨人嫌，这两种，最危险，巧巧的一星之火，就烧了万顷之田。"

天后宫庙会还有卖气球的，当时气球尚属稀罕新奇之物，特别受到小孩子们欢迎。另外，五彩脸谱、木制刀枪剑戟也非常俏销。儿童玩具"噗噗噔儿"如今已消失了，它是玻璃制品，形如大葫芦状的烧瓶，瓶颈细长，平底，底很薄，像吹喇叭一样吸吹时，随着空气的振动能发出"噗噗噔儿"的声响，所以人们称之为"噗噗噔儿"。天后宫前卖此物的最多，小贩边吹吸发声，边招徕买主，有点像乐手，为庙会平添了热闹。

天津泥人是民间艺术精粹，名传四海。旧日里的泥娃娃、泥玩具作为耍货玩具，摊贩随处可见，更有挑大筐、推小车的人走街串巷吆喝叫卖。

受妈祖信俗，特别是拴娃娃民风影响，天后宫内外摆摊卖泥娃娃的最多，人们觉得这里的泥娃娃更多几分灵气。小贩所售泥娃娃的造型与色彩粗犷、质朴，洋溢着浓浓的乡土气息。花花绿绿的衣裳，红红的脸蛋儿，扎牛角辫的、留小分头的，笑眯眯的样子煞是可爱。还有泥老虎、泥公鸡、泥猴子之类的动物玩具，大的小的、响的动的，花样繁多。不仅如此，从孙悟空、猪八戒、沙和尚，到刘备、关羽、张飞，乃至天上的神仙、人间的仕女，样式丰富，栩栩如生。

空竹

老天津的青年小伙儿、男孩子爱抖空竹，尤其在春节期间，空竹声声很能装点年景。旧年《益世报》上曾说：“此物虽小，确有操练身体之功效……一绳两根，变化无穷，有时投至天空，几与云齐，以绳承之，百无一失。”天后宫内外的空竹名牌多，摊位多，素来驰誉海内外。

老天津爱玩儿的人，大致没有不知道天后宫庙会上卖空竹的。屈记修竹斋“刘海”、赵记铭远斋“老寿星”、冯记宝顺斋“和合二仙”等牌号的空竹最为走俏。

修竹斋（南开区档案馆提供）

传统空竹（由国庆 摄）

屈文台是武清人，自幼好武术，爱玩空竹，后来自制空竹的手艺也日渐成熟，自产自销，民国初年来津后在天后宫山门外张仙阁旁开设了修竹斋。屈文台的空竹标有著名的“刘海戏金蟾”商标，分双轴、单轴两种，从3响到38响不等，响越多，声越高，越好听。他家的空竹以做工精细、用料考究闻名，100多年来广有口碑。

庙会上，卖空竹的将空竹抖得山响，他们还不断向空中连续抛掷空竹，以示质量好不怕摔碰。卖家抖空竹技巧娴熟，时而表演出“相互传递”“翻筋斗”“小鸡上架”等花样，博得连声喝彩。

金鱼

老天津最红火的小金鱼市场当数天后宫宫前集市，堪称家喻户晓的福地。通过清代文献可知，这里售卖小金鱼至迟在乾隆初年已形成规模，尤其是新春佳节前后生意更加火爆。究其原因，一是养金鱼在津有极高的人气基础，二是真挚向好的民俗心理使然。

天后宫元代建庙，圣母娘娘乃护海佑生之神，天长日久，天津百姓以淳朴的心理不断将天后娘娘的职能延展扩大，陆续加塑宝像，祈福、求子、求财、求顺等各有所拜。比如刚过门的新媳妇常常到送子娘娘面前“拴娃娃”，盼早得贵子，传宗接代。金鱼多籽（子）是习性，如此，天后宫中的金鱼更多了一道灵性光环。《金鱼多籽》不仅是我国传统吉祥图，天津杨柳青年画中也有同题作品。再有，“鱼”通“余”，寓意年年有余，生活富足。金鱼俗称锦鱼，民俗中以“金鱼摇尾”比喻财源广进；“塘”谐音“堂”，畜养金鱼预示金玉满堂。杨柳青年画不仅有名作《莲年有余》，还有几样同题的《金玉满堂》。画中绘一美少妇抱着孩子观赏金鱼，或绘两个童子在两缸金鱼前嬉闹。画意对“求财”与“求子”的民俗心理的表达显而易见，在天津民间相沿成习。

人们觉得天后娘娘身边的金鱼是大吉大利的象征，所以竞相在宫里宫外买小金鱼。新春庙会上，大鱼盆里畜养的鱼儿欢游着，捞进玻璃鱼缸里更是鳞光闪闪，再配上水藻（金鱼藻专属一

“鱼”通“余”，象征富贵有余（由国庆　摄）

科，非普通水草），自彰显盎然生机。鱼缸是必需品，有的高档鱼缸里还配有一个五彩玻璃球，旧年也有人专门到宫里定制鱼缸。

民国时期，天后宫为增加庙堂收入，将多处殿阁、院落出租给商户，山门里牌楼下正是售卖金鱼的旺地。卖金鱼的商贩照章交租，牌楼下常年摆放大缸、大盆，畜养各色金鱼。当时宫里所售金鱼的部分货源就来自城西梁家嘴一带。值得一提的是，宫门外海河水质较差，而宫中多井，其水清亮甘美，利于养鱼。

1931年2月16日农历除夕一早，天津《益世报》记者到天后宫游览，见庙里很是热闹。报道称，卖小金鱼的商贩深谙百姓心理，于是“满缸满盆置诸院中，向游者兜售”。刊发于同一时段的《统一国历后二十年腊尽春回宫南宫北观》，也认为新年买金鱼有取富贵有余之意。1936年版《天津游览志》中的《庙会》篇记述天后宫：“大门以里，很大的院落里，百货杂陈，许多小贩在这里摆摊做生意，卖绢花和小儿玩具，以及金鱼等物的不一而足。”百姓们殿中拜了娘娘，宫里看了热闹，市上买了金鱼，真就“带福还家”过大年啦。

四 津门故里寻民俗

宫前集

元朝定都大都后，天津一跃成为北方最重要的漕运枢纽，帆樯林立，吞吐量与日俱增，海河三岔口一带的集市贸易日渐繁盛。天后宫始建以来广顺民意，来往的官船民船无不酬谢妈祖护佑，码头熙攘，物阜民丰。

宫南宫北的市面多为经营香蜡纸张、绒绢花、素食、金银首饰、玩具、土产杂货、酱菜的店铺和摊贩。玉丰泰的绒绢花、修竹斋的刘海牌风葫芦、萃文魁的南纸、杨记的蜡烛、伊德元的刻花纸样子，皆独占鳌头，远近驰名。重要的是，天后宫终年不断的香火为街市带来巨大客流量，且天后宫庙会也不只有春节大集，每逢吉日或庆典，宫中香火与宫外商业活动也交相辉映，销售量很大，这让其他街区望尘莫及。

逛庙与消费娱乐优势互补，紧密相融，一座庙宇聚拢了人气，一座庙宇繁荣了市井，这便是地理、政治、经济等多种因素综合发展的必然结果。天津人喜好热闹，特别是过大年之际，总是要去宫前集市转转，到天后宫庙会逛逛，即使不买东西，哪怕只感受一下那份喧闹也能心满意足。

老天津买卖行有句俗话，腊月十五上全街，“上全街”就是摆出全部年货供人选购，争强好胜的商家明里暗处比的也是这个“全”字。自此，宫前年货市场达到高潮，吃、穿、用、戴、

清《潞河督运图》中的宫前码头

玩，一应俱全，对于“全”的竞争，无疑促进了集市货品的极大丰富和庙会的无限欢娱。

天津人慷慨、直率也争强，讲究日子再紧也得富过年，即便倾其所有也认为值得，以免让人瞧不起。有了“年年在此”“上全街”的庙会，可以很大程度满足所有人的需求，所引发的是一种具有普遍意义的消费心理的满足，这正是宫前庙市经久不衰的重要原因。

爱穿红衣服

传说妈祖生前喜欢穿红色衣服，她乘苇席渡海，一次次救助渔家船夫。妈祖故乡福建莆田至今仍有不少妇女遵循旧俗，崇尚红衣裤，曰“妈祖服”。

有趣的是，天津女子衣着好红色也从明代设卫城后一直流传至今，这在很大程度上与妈祖信俗有千丝万缕的关系。就此而言，红色寓意大致有二：一是消灾除疫，义和团运动中“红灯照”女子通身红装，俗谓可避枪炮；二是大吉大利，红色代表热烈，与天津人豪爽、豁达、热情的性格是吻合的。

天津女子不仅自己爱穿红，在日常生活中也爱以红色打扮孩子，尤其在除夕守岁之时，长辈喜欢儿孙们穿得越红越好，儿女绕膝满堂红。红色，是真切的美好希望。大年初一清早，女人们又穿红配绿赶往天后宫上香，宝座上天后娘娘也是一袭红衣装，将人们的朱颜、红袄映衬得更加漂亮。

不仅如此，天津女子的婚服也是从里到外、从头到脚的红，近乎极致。当天，新娘上身内穿红色小褂，外罩红绸袄，外面还要穿红花衫。下身是贴身红裤，外套红绸裙，再穿天津特色大红响铃裙。头上戴满大红绒绢花，盖红盖头，脚下再穿红线袜、软底大红绣花鞋。在火红吉祥的氛围中，所有人获得心理慰藉，民间也有天后娘娘赐福一说。

拴娃娃

求子、祈吉是老天津传统婚育礼仪民俗中的典型事例，“拴娃娃”与“娃娃大哥”民风广为流传，留下许多精彩、风趣的岁月往事。早年间，天后宫香火鼎盛，其原因之一就是受津沽地域广为流传的拴娃娃习俗的重要影响。这话还要从头说起。

天后俗信从多层面、多角度影响着天津城市的发展，影响着一代又一代天津人。天后宫初为佛家庙宇，后来权属变更，一直是多元习俗共存、包容广纳之地，有着相当的人情味儿与市井色彩。

在旧时的天后宫中，娘娘像前有许多泥娃娃，俗称“娃娃山”，求子的妇人可从中选择一个，用红线拴好。若赶上富家女到来，庙堂管理者常会陪在一旁说吉祥话，当然，香客也会撂下可观的香资。传说一般要100文钱，取“长命百岁”之意。若是贫寒人家到宫里，多是悄悄地“偷”个娃娃，少放或不放香资，但毕竟是少数。管理者也睁一眼闭一眼，权当做好事了。

“娃娃大哥”（南开区档案馆提供）

拴了娃娃抱在怀里，妇人轻轻念叨着事先为“孩儿”起好的名字，又说着“好孩子跟妈妈走”之类的话，高兴还家。娃娃被“请”回家后，一般会供在炕头，日常待若真人。每餐要为娃娃安排碗筷、饭食，逢年过节会摆上水果、糕点，再换上新的“百家衣”。日后喜得儿女时，那泥娃娃便成为“大哥”，俗称“娃娃大哥”，小孩便是弟弟妹妹。

时光荏苒二十年，随着“娃娃大哥”下一代的降生，泥娃娃的辈分也升为大爷、大舅等。“娃娃大哥”老了，其塑像可以是拄着拐杖或坐在圈椅中的样子，也可以被供到精致的龛里。有趣的是，老天津的一些人家差不多都有两个不在户口册的“成员”，一是腊月二十三“上天言好事”的灶王爷，二是憨厚朴实、笑容可掬的“娃娃大哥”。

昔日天津民间素有“早养儿早得济”的说法，也尤其崇尚家有“五男二女”的幸福生活。天后宫中娘娘塑像多，有求必应，求子祈福的善男信女如云，香火鼎盛，这也使得天后宫在求子送生方面比其他庙宇有了更大的民间影响力。

娃娃供在家，小夫妻俩瞅着乐呵和美，不日儿女喜诞，早已望眼欲穿的奶奶、姥姥更是合不拢嘴。别忘了，当时拴娃娃跪在天后娘娘面前可是许过愿的，于是马不停蹄择吉日（一般选在孩子百天内的初一、十五或“百岁儿”那天）到天后宫还愿。旧时，天津民间有“得一还十”或“拴一回百”的说法，也可以送回99个，或按当时许下的数目送回，即自家花钱买10个或100个小泥娃娃送到庙里，以示还愿。如此这般，也许有人会问，那庙里岂不“娃满为患”了？坊间传言，庙内除了留足备用外，常会以巧妙方法安置的。

新生儿有个头疼脑热还好调理，但有的娃生来体弱多病，旧年民间化解此事常有两种方法：一是给孩子找个儿女双全的妇人，认作干娘，双方家庭也由此结为至亲；或是请来算命先生给孩子看看，若认为小孩“命硬”，也可以到天后宫里“挂锁”认师傅。

民国时期的画片《刘二姐拴娃娃》（由国庆提供）

天后宫的最后一位住持张修华曾撰文回忆，辛亥革命以后，维新日盛，津地废庙兴学，天后宫庙产归县学管理，宫中的香资收入自然跌落不少，因此，管理者又开辟了多形式渠道来维持收益。“挂锁”与“认师傅”可以说是一种创收举措。

有经济实力的人家到天后宫还愿时，可顺便带着幼子到宫里拜认一名师傅，师傅给孩子戴上长命锁，再起个法名，还要记录在宫中的名册上，表示这孩子已经跳出红尘了，会一生平安健康长命的。

“娃娃大哥”被“请”回家后奉若真人，“娃娃大哥”每年也要长一岁“洗”一次。所谓“洗”又叫“洗澡”，就是到塑像铺、娃娃铺请专业的师傅（泥塑艺人）将小娃娃的泥土和在新泥里，大致照以前的样子新塑一个大些的，意在血脉传承。一年一度，娃娃铺自然不愁生意。

近水楼台先得月，清末年间天津的娃娃铺集中在天后宫附近，以宫南的袜子胡同（早年称娃子胡同）、宫北的毛贾伙巷、鼓楼东街一带为最多，其中墨稼斋马家、凤鸣斋张家、纯古斋周家、笔耕斋刘家的塑像尤其知名。

求子生子一条龙

天后宫南不远有水阁大街，正对城东门，此路一直是城厢官署、居民到海河取水的必由之路。早在清乾隆二十八年（1763），这条街的中段就建起了一座过街楼阁，其上供奉观音菩萨，名观音阁。人们过来过往取水，该阁又被逐渐俗称为“水阁”，街缘此得名。观音送子，家喻户晓，后来的长芦育婴堂于此创建的个中缘由也就不言而喻了。

水阁医院创建于清光绪二十八年，是我国最早的公立妇产科专科医院，初名天津北洋女医院，被誉为“全国女医院之冠”。与天后宫近在咫尺，加之风习相传，很多天津孕妇慕名前往水阁医院生小孩，赶上生育高峰甚至不得不加设临时病床。据院方不完全统计，百余年间大致有10万名婴儿在该院降生。求子、生娃、还愿、医疗、祈吉，一座庙宇，一家医院，无形中形成“一条龙”之便。

天津市水阁医院（南开区档案馆提供）

一家数口、老少几代皆出生在水阁医院的大有人在，有的医生还是同一个家庭两代人的接生者。2004年中期海河改造，医院搬迁，原以为离开宫南这条街后医院会冷清，但“水阁摇篮”的号召力丝毫未减。据说，在搬迁的那些天，医院曾动员孕妇们到其他医院去就诊，可怎么也说服不了那些即将当奶奶、当姥姥的长辈，盛情难却之下的院方还是额外并圆满地接生了数名婴儿。

第七章 古街文汇

竹枝词

清·梅宝璐

九河天堑近渔阳，三辅津梁著水乡。

海舶粮艘风浪稳，齐朝天后进神香。

——《天津古文化街》

沽上藝苑

一 诗词存录

竹枝词

清·梅宝璐

九河天堑近渔阳，三辅津梁著水乡。
海舶粮艘风浪稳，齐朝天后进神香。

——《天津古文化街》

津门百咏·皇会

清·崔旭

逐队幢幡百戏催，笙箫铙鼓响春雷。
盈街填巷人如堵，万盏明灯看驾来。

——《天津文史丛刊》

九日登清虚阁

清·周自邰

此日无风雨，清虚阁上游。
天寒欺短发，地阔豁双眸。
万井鱼鳞屋，千帆鹢彩舟。

登临情未已，不负菊花秋。

——《津门诗钞》

咏津门新景·古文化街

赵哲馀

其一

文风灿烂一条街，荟萃古今俱雅侪。
墨妙丹青呈异彩，津沽隽士敞诗怀。

其二

琳宇馨香祀海神，雕梁画栋缀三津。
人文风物开新纪，一代辛勤万世春。

——《天津文史丛刊》

鹧鸪天·天后宫重修

寇梦碧

漕运年年护客槎，传闻灵迹总虚夸。
迷空飓母已飞雾，照海神光幻紫霞。
装爵尾，饰檐牙，重辉宝相荐香花。
春风绣遍长街路，不必东京说梦华。

——《天津文史丛刊》

天津建城600周年纪念篇

周汝昌

天妃宫

旗飐桅樯集万艘，碧溟漕运溯元朝。
天妃庙貌依稀在，金鼎香烟绕绣袍。

古文化街

雕楼画阁两重齐，列肆琳琅百货奇。
文化街头人欲醉，汴京浑似梦华迷。

曲苑

天晴燕乐庆升平，檀板丝弦韵最清。
听到鼓王刘白骆，人间曲调故乡情。

民风佳话

天后宫中香火浓，歌楼元旦满台红。
无形遗产真当重，莫忘津城美俗风。

——《天津日报》2004年12月26日

二 民间传说

天后宫里的王三奶奶

李世瑜

有关天后宫里的王三奶奶的传说差异很大，有的近乎异端。经过我们比较筛选，大体可信的如下所述。

王三奶奶是三河县人，约生于清嘉庆年间，主要活动于清道光年间，清咸丰初年去世，享年56岁。她父亲是农民，会武术，母亲会治病，用针灸、拔罐、刮痧、推拿及气功等方法，也会用中草药方。幼时的王三奶奶很聪明，耳濡目染也学会了那些治疗方法。因为家里孩子多，生活困难，她15岁那年父亲就把她嫁给老王家。她27岁时已生了五胎孩子，早夭两个；最后一个孩子出生不久，因为赶上荒年，丈夫就去世了。一家人没法活，她心一横便给刚满四个月的孩子掐了奶，到了天津一家当过四门千总的丁二老爷家当了奶妈。她个子不高又年轻，丁家就叫她“小王妈”。在丁家待了将近三年，她又找到另一个大户姚家当佣人，伺候老太太。

姚老太太常闹腰疼、肩膀疼，小王妈先用推拿，后用针灸，很快就治好了。小王妈还有一种叫“七针丹”的药方，专治眼病，据说可以使“瞳人转背”的人复明。

姚老太太乐善好施，小王妈就把知道的丹方都教授给她。这样一来，小王妈能治病，姚家的老太太舍药的事很快便传遍了天津城厢以至外地，问病讨药的人络绎不绝。

后来，小王妈在府署街附近住下，成为专业的民间医生。她医术高明，济弱扶贫，轻易不收医药费，因此声名大噪。没过几年，她就成为天津卫家喻户晓的人物。她不再被称为“小王妈”，而被称为“王三奶奶”，有的地方则称“王二奶奶”，还有的称“王奶奶”，其原因尚待考证。

清末，北京妙峰山香火鼎盛，天津人也热衷于在每年的四月初一至十五到妙峰山“朝顶进香”。王三奶奶在行医的同时，还组织了“万缘公议代香老会”，替无法亲自去妙峰山的百姓祈求上香。

某日，王三奶奶又去妙峰山替百姓进香，因为舟车劳顿，她在上山时，眼前突然发黑，不幸摔到山沟里去世了。

噩耗传开，整个妙峰山笼罩在悲痛的气氛中。第二天在碧霞殿前，有位来自天津的妇女向大家宣布，她昨晚梦见王三奶奶，她说自己是东岳大帝的第七个女儿，大帝派她到世间广结善缘，现已功德圆满，昨天回天庭去了。消息传回天津，天津百姓深受震动，纷纷出钱出力，为她在妙峰山下修建了一座坟茔，又在碧霞殿西偏殿盖了一座王三奶奶殿。随后，在天津天后宫也修了一间王三奶奶殿。几十年间，陆续有15座庙塑起了王三奶奶的像，她的威望甚至比她活着的时候还要高。

（摘自《天津卫》）

“替身船”及其来历

既望

早年间，在天后宫正殿内，用彩绳或铁丝悬挂着许多做工精巧的木船模型，既引人注目，又惹人喜爱。现如今，在天后宫正殿的展览柜中，仍然依照历史传承，陈列有部分仿制的船模。其中，时间久远的当数宋代木船模型。

天后宫内何以有这些小船模呢？

传说600多年前，广东有个大古董商，从广州携带大批古玩珍品随漕船北上，船行至黑水洋，遇到大风暴，掀翻了许多航船。商人吓坏了，怕这些价值连城的古物毁于一旦，便高声呼叫天后娘娘保佑，表示如果船只平安抵达直沽，一定修庙还愿。这时候，仿佛天后娘娘轻舒玉臂，登时风平浪静。商人到直沽后，进到天后宫，当即给娘娘磕了几个响头。可他忽又心疼起自己的钱财来，改变了主意。灵机一动，便照他所乘的那条船的样子，找人做了一只小木船，奉献给天后娘娘，以示把整船货物都献给了娘娘。

这以后，其他商贾、船夫纷纷仿效，凡是得到天后娘娘保佑而平安抵津的船只，皆到造船的船坊据本船的样子定制一个小船模，待到赴天后宫还愿时，焚香上供，敲钟打鼓，举行仪式，将其呈献给天后娘娘，以谢其恩。

天后宫道士遂将此类船模称为“替身船”。

另有一种说法，缘于古代的一种航海习俗：在新船下水出航之际，必须同时制作一个船模，供奉给天后宫内的护航女神，以保未来航海平安。如船远航遇到不测，此船即为替身，远航船则可避险无虞。

天后宫昔日既是地区性的海祭中心，又是船工聚会、欢娱的场所。商贾、船夫们给天后娘娘敬献的船模，由于是完全按照原船比例缩微制作的，属“仿真型”，因此客观地反映了我国航海船只在不同社会历史阶段中的发展变化状况。这些保存下来的实物例证，为今天研究我国航海事业的往昔提供了颇有价值的佐证。其中的贡献，恐怕也是当时敬献船模者始料不及的。

（摘自《天津卫》）

参考书目

《天津近代史》来新夏主编，南开大学出版社，1987年3月

《近代天津城市史》罗澍伟主编，中国社会科学出版社，1993年7月

《百年中国看天津》罗澍伟编著，天津人民出版社，2005年5月

《天津古文化街》毛昌五、方放主编，天津古籍出版社，1988年2月

《中国天津古文化街彩绘图册》李光照主编，天津古籍出版社，2005年7月

《建筑文化的传承：天津古文化街改造纪实》李光照著，天津人民出版社，2010年12月

《津门故里：天津古文化街旅游商贸区》沈铸伦主编，天津科学技术出版社，2007年12月

《津门故里印迹》沈铸伦主编，天津科学技术出版社，2008年5月

《古文化街遗韵》天津市保护风貌建筑办公室编，天津大学出版社，2018年6月

《南开区政协文史资料汇编》天津市南开区政协文史文化委员会编，天津大学出版社，2015年11月

《南开历史文化丛书：非物质文化遗产》阎红年主编，南开大学出版社，2019年10月

《南开区志》天津市南开区地方志编修委员会编著，天津社会科学院出版社，1998年6月

《天津市南开区志1979—2010》南开区地方志编修委员会编纂，方志出版社，2018年9月
《天津漕运研究》李俊丽著，天津古籍出版社，2012年8月
《天津运河故事》天津市档案馆编，天津人民出版社，2014年6月
《天津运河文化史》陈克、岳宏、赵永强著，天津教育出版社，2022年12月
《天津史话》罗澍伟著，社会科学文献出版社，2011年8月
《天津的城市发展》郭凤岐编著，天津古籍出版社，2004年8月
《空间与社会：近代天津城市演变》刘海岩著，天津社会科学院出版社，2019年6月
《天后宫写真》董季群著，天津社会科学院出版社，2002年8月
《妈祖文化研究》罗春荣著，天津古籍出版社，2006年9月
《妈祖传说研究》罗春荣著，天津古籍出版社，2009年6月
《九河下梢的传说》李云冲著，天津古籍出版社，2006年9月
《天津天后宫的传说》蔡长奎主编，天津古籍出版社，2006年9月
《妈祖文化艺术研究》蔡长奎著，天津古籍出版社，2009年6月
《皇会》尚洁著，百花文艺出版社，2006年9月
《天津市志·妈祖文化志》天津市地方志编修委员会办公室、天津天后文化传播交流中心编著，方志出版社，2019年9月
《津卫妈祖》马文清主编，文化艺术出版社，2021年10月
《天津通志·民俗志》天津市地方志编修委员会办公室、天津市老城博物馆编著，天津社会科学院出版社，2006年9月
《老天津的风俗》由国庆著，天津人民出版社，2010年1月

《天津卫美食》由国庆著，天津人民出版社，2011年1月
《老娘娘琐话：妈祖文化在天津》由国庆著，中国文史出版社，2024年1月
《津味儿》赵永强著，生活·读书·新知三联书店，2016年7月
《傍河话食事》赵永强著，天津教育出版社，2022年10月
《天津老字号》卞瑞明主编，中国商业出版社，2007年12月
《天津经济史话》孙大千编著，天津社会科学院出版社，1989年3月
《天津老商业》曲振明著，天津社会科学院出版社，2021年12月
《天津市四十五年大事记》郑质英主编，天津人民出版社，1995年6月
《天津古代建筑》谢国祥主编，天津科学技术出版社，1989年11月
《严复在天津》严孝潜著，天津社会科学院出版社，2023年12月
《严复与天津》贾长华主编，百花文艺出版社，2008年5月
《津门十景》《津门十景》编辑组编，天津人民出版社，1991年11月
《天津古代人物录》南炳文、高洪钧、王鸿涛编著，天津人民出版社，1993年3月
《天津近代人物录》中国人民政治协商会议天津市委员会文史资料研究委员会编，1987年12月
《津门诗钞》（清）梅成栋纂，天津古籍出版社，1993年1月

后记

《故里寻踪——天津古文化街》编写工作自2024年盛夏启动，历经前期筹备、史料征集、专家咨询、初稿编写、统稿整理和评审修改6个阶段，至2024年底圆满完成。

前期筹备阶段。在南开区委的坚强领导下，成立编写工作推动组，下设协调保障组、史料征集组、专家咨询组、文稿起草组。南开区委组织部鼎力支持，在区政协机关、区委党校、区档案馆、区司法局、区住建委、区城管委、区文旅局、区卫健委、鼓楼街道办事处等单位中抽调具有历史文化专业背景且文字功底扎实的干部10人，组建文稿起草组。古文化街管委会全力保障文稿起草组的日常办公需求，为编写工作顺利开展奠定了基础。

史料征集阶段。明确编著方向，编写专著纲目，充分挖掘区内资源，全面搜集、整理涉及古文化街（宫南宫北大街）历史及历次改造的相关史料档案，并协调天津市档案馆、天津市海河传媒中心等单位，走访“桂发祥十八街麻花”“泥人张”“果仁张”等老字号，查阅原始档案、历史文献、地方志书、研究论著、学术论文、地情资料、回忆文集、口述史料以及相关历史照片资料，搜集整理文字资料达几百万字，照片资料近千张。天津市档案馆、天津海河传媒中心以及南开区委宣传部、区委党校、区政协研究室、区档案馆、区文旅局、区融媒体中心、市规划和自然资源局南开分局、鼓楼街道办事处、古文化街管委会、区文联、天津天后宫等单位、部门，在史料收集方面提供了大力支持。先后邀请1985年古文化街修建项目设计师、天津市城市规划设计院原副院长肖连望，南开区房管局原书记周大奇，原区房管局局长张新年，原南开区建委副主任高立成，区房管局原副局长曹春山等参与过古文化街建设、改造的老领导，老城邻友会负责人戴晓泉和宫南宫北大街孟宪宁、郝汝明、倪岩、商洪芳、杨学通、宋广仁、张春生等原住民代表们座谈交流；专访1985年古文化街修建领导小组成员、南开区原副区长杜学瑜，深入了解1985年以来古文化街的改造和发展历程。

专家咨询阶段。邀请天津社会科学院党组书记、院长钟会兵，天津市政协常委、天津市政协文化和文史资料委员会主任靳方华，天津社科院历史研究所所长、研究员任吉东等专家领导开展座谈交流；多次上门请教天津社会科学院历史所原所长、研究员罗澍伟，罗老先生对整体编写方向、主旨思想、纲目设计进行了专业指导，并在百忙之中为本书作序。我们也通过电话和上门拜访等形式，向地方史研究者杨大辛、天津市妈祖文化促进会名誉会长蔡长奎等专家征询了相关史实。历史文化研究学者高伟，也为本书专门提供了相关资料。

初稿撰写阶段。文稿起草组成员分章节撰写初稿，坚持严谨考证和细致分析，清晰呈现古文化街的历史脉络和发展现状，展现其独特的文化内涵。

统稿整理阶段。集文稿起草组全员之力，对各章节进行全面审核和文字的再加工。通过反复推敲、考证史实，最终形成《故里寻踪——天津古文化街》共7章23节。

评审修改阶段。根据领导、专家的意见和建议，文稿起草组反复修改打磨，在调整结构、精炼标题、删繁补漏、规范行文、润色文字、核实数据等方面又做了大量细致的工作。

本书的编辑出版是在南开区委、南开区政府的领导下进行的，区委主要领导多次听取工作汇报，召开专题会议推动工作，协调解决困难和问题。区政协主要领导积极联系文史专家学者，为专著编写提供专业指导。

区档案馆负责牵头史料征集、专家咨询和文稿起草等工作，定期召开工作例会，多次牵头组织召开座谈交流会、联系走访专家学者，协调解决多个阶段性问题和困难，充分发挥档案方志资源优势，以史资政、以文聚力，为编写工作顺利完成付出了大量的辛劳和努力。

“泥人张”“风筝魏”“乐器张”“蔡氏贡掸”“狗不理包子”“耳朵眼炸糕”“桂发祥十八街麻花”“果仁张”“崩豆张”“联升斋”等“非遗”、老字号企业在资料提供方面积极协助。

妈祖文化研究专家罗春荣先生过世后，其家人将他的手稿、著作和藏书捐赠给南开区档案馆，在本书编写过程中，我们充分利用了这批关于天津历史和妈祖文化的档案，以此为借鉴，学术事业薪火相传。

刘志凯、张郅頔参与了部分章节的撰写，李闻博为本书拍摄了部分照片，使本书增色不少，刘展荣、朱敬怡、张凯瑜在本书的编写过程中也给予了帮助。

在此特向为编辑本书尽心出力的各级领导、各单位和同志们，以及承担出版任务的天津教育出版社，深致谢忱。

本书编写内容较多，出书时间紧迫，难免存在瑕疵，不当及谬误之处，敬请专家和读者批评指正。

《故里寻踪——天津古文化街》编写组

2024年12月31日